河南大学教材建设出版基金资助

YIXUE SHENGLIXUE SHIYAN
医学生理学实验

供临床医学、口腔医学、药学、护理学、临床药理学等专业用

主 编 吕心瑞 陈明亮
副主编 杨永杰 鲁 颖 谢振兴
　　　　徐 晓 吴东栋 王慧娟
　　　　张 颖

河南大学出版社
·郑州·

图书在版编目(CIP)数据

医学生理学实验/吕心瑞,陈明亮主编.—郑州:河南大学出版社,2018.9(2019.12 重印)

ISBN 978-7-5649-3495-8

Ⅰ.①医… Ⅱ.①吕… ②陈… Ⅲ.①人体生理学－实验－医学院校－教材 Ⅳ.①R33-33

中国版本图书馆 CIP 数据核字(2018)第 216791 号

责任编辑 张雪彩 付会娟
责任校对 刘利晓
封面设计 郭 灿

出版发行	河南大学出版社
	地址:郑州市郑东新区商务外环中华大厦 2401 号 邮编:450046
	电话:0371-86059752(高等教育与职业教育出版分社)
	0371-86059701(营销部) 网址:www.hupress.com
排 版	郑州市今日文教印制有限公司
印 刷	河南省诚和印制有限公司
版 次	2018 年 9 月第 1 版 **印 次** 2019 年 12 月第 2 次印刷
开 本	787mm×1092mm 1/16 **印 张** 13
字 数	277 千字 **定 价** 35.00 元

(本书如有印装质量问题,请与河南大学出版社营销部联系调换)

前 言

进入21世纪后,医学科学技术及实验仪器快速发展,更新很快,许多新的教学模式不断出现,如慕课、微课、网络课程等。医学生理学实验教学课程体系、教学内容、教学方法及教学仪器也都随之发生了较大的变化,而医学生理学实验是医学实验的基础,实验教学的目的不仅是要学生进行单纯的理论验证,而且是要逐步提高学生的综合能力,甚至是通过生理学实验培养学生的科研思维和临床动手能力。本书结合我校机能实验室仪器设备等基础条件,对传统医学生理学的实验方法及教学方式进行了改革,尽可能应用先进的实验设备,在动物及人体身上观察生理现象及改变,让学生从正常人体、动物以及虚拟实验中再回到正常的系统分析以得到综合能力的提高。本书是一本系统、全面、内容丰富的医学生理学实验教材。

全书共六篇,十四章。第一篇主要介绍生理学实验目的、类型和要求,使学生正确认识医学生理学实验的特点及规律(由吕心瑞编写)。第二篇介绍生理学实验常用仪器、器械、药品和设备,使学生正确掌握生理学实验基本的仪器和手术器械的使用(第三章和第五章由陈明亮编写,第四章由张颖和王慧娟编写)。第三篇介绍了医学生理学实验中常用的实验动物及基本操作技术(第六章由鲁颖和吴东栋编写,第七章由徐晓和谢振兴编写)。第四篇为医学生理学实验基本实验内容,由动物实验及人体实验组成(第八章由杨永杰编写,第九章由鲁颖编写,第十章由谢振兴编写,第十一章由徐晓编写,第十二章由吕心瑞编写)。第五篇为医学虚拟实验部分,主要通过医学实验软件,为学生提供了一个医学生理学实验的网络平台(由吕心瑞编写)。第六篇为生理学习题(由全体老师编写)。本书中的基础实验项目,能满足当代医学教育对本科生培养的实验要求,而动物及人体实验虽有一定难度,但前期可以通过新增的虚拟实验进行辅助性指导预习和回顾性复习;而且本书对学生以后学习病理生理学、药理学实验以及今后科研发展和临床实习及工作均有较大的帮助。

本书可作为临床医学、口腔医学、预防医学、护理、药学和临床药理、临床心理等专业本科生的实验教材,也可作为硕士生、博士生以及生物学等相关专业师生的参考用书。

编 者
2018年7月

目　录

第一篇　绪论

第一章　生理学实验目的、类型和要求 ……………………………………（1）
　　第一节　生理学实验的目的………………………………………………（1）
　　第二节　生理学实验的类型………………………………………………（2）
　　第三节　生理学实验的基本要求…………………………………………（3）
　　第四节　生理学实验室守则………………………………………………（5）
第二章　生理学实验报告………………………………………………………（6）
　　第一节　实验数据的采集…………………………………………………（6）
　　第二节　实验结果的整理…………………………………………………（8）
　　第三节　实验报告的写作…………………………………………………（9）

第二篇　实验器材与药品

第三章　生理学实验常用仪器和手术器械……………………………………（11）
　　第一节　实验室的一般装置………………………………………………（11）
　　第二节　蛙类实验手术器械………………………………………………（14）
　　第三节　哺乳类动物实验手术器械………………………………………（16）
第四章　生理学实验常用药品及其配制………………………………………（18）
　　第一节　麻醉药……………………………………………………………（18）
　　第二节　常用生理溶液……………………………………………………（20）
　　第三节　常用血液抗凝剂…………………………………………………（21）
第五章　计算机实验教学系统——BL-420生物机能实验系统简介………（22）
　　第一节　概述………………………………………………………………（22）

第二节　生物机能实验系统的原理简介……………………………………（23）
第三节　BL-420F 生物信号显示与处理软件界面介绍………………………（23）
第四节　刺激器设置说明……………………………………………………（28）
第五节　BL-420F 生物机能实验系统操作步骤……………………………（29）
第六节　BL-420N 生物信号采集与分析系统简介…………………………（31）

第三篇　实验动物与基本操作

第六章　常用实验动物……………………………………………………（43）
　　第一节　常用实验动物的种类、特点及选择………………………………（43）
　　第二节　实验动物的编号及性别鉴别………………………………………（45）
　　第三节　实验动物的捉持和固定方法………………………………………（46）
　　第四节　实验动物的给药途径和方法………………………………………（48）
　　第五节　实验动物的麻醉……………………………………………………（51）
第七章　基本操作技术……………………………………………………（53）
　　第一节　急性动物实验的基本操作技术……………………………………（53）
　　第二节　实验标本的采集方法………………………………………………（60）

第四篇　实验内容与设计

第八章　细胞的基本功能…………………………………………………（63）
　　实验一　坐骨神经-腓肠肌标本的制备……………………………………（63）
　　实验二　骨骼肌的单收缩和复合收缩………………………………………（67）
　　实验三　神经干动作电位的引导及其与刺激强度的关系…………………（71）
第九章　血液………………………………………………………………（75）
　　实验一　ABO 血型鉴定………………………………………………………（75）
　　实验二　血液凝固及其影响因素……………………………………………（77）
第十章　血液循环…………………………………………………………（81）
　　实验一　人体心音听诊………………………………………………………（81）
　　实验二　心电监护技术………………………………………………………（83）
　　实验三　人体动脉血压的测定………………………………………………（87）
　　实验四　心血管活动的神经体液调节………………………………………（90）

实验五　人体体表心电图的描记和分析……………………………（94）
第十一章　呼吸………………………………………………………………（99）
　　实验一　呼吸运动的调节……………………………………………（99）
第十二章　尿的生成和排出…………………………………………………（102）
　　实验一　影响尿生成的因素…………………………………………（102）

第五篇　虚拟实验

第十三章　虚拟实验介绍及操作指南………………………………………（105）

第六篇　习题练习

第十四章　习题集……………………………………………………………（115）
　　习题一　绪论…………………………………………………………（115）
　　习题二　细胞的基本功能……………………………………………（118）
　　习题三　血液…………………………………………………………（122）
　　习题四　血液循环……………………………………………………（128）
　　习题五　呼吸…………………………………………………………（138）
　　习题六　消化和吸收…………………………………………………（145）
　　习题七　能量代谢与体温调节………………………………………（153）
　　习题八　泌尿系统……………………………………………………（159）
　　习题九　神经系统的功能……………………………………………（168）
　　习题十　内分泌………………………………………………………（176）
　　习题十一　生殖………………………………………………………（182）
参考答案…………………………………………………………………………（184）

第一篇　绪论

第一章　生理学实验目的、类型和要求

第一节　生理学实验的目的

生理学是研究生物体功能活动规律的基础医学科学,也是一门实验性科学。大部分生理学知识是来自于设计完善的生理学实验的观察、分析和总结。实验是研究生理学的基本方法。生理学实验课的目的在于通过有代表性的实验,使学生学习并掌握生理学实验的基本操作技能和生理指标的获取方法,初步掌握分析、整理实验结果的能力,验证和巩固生理学的基本理论,以提高学习生理学知识的兴趣。同时,在实验过程中培养学生严肃的科学态度、严密的科学方法,培养学生实事求是、一丝不苟的工作作风,使学生学会观察、记录和分析客观现象,并不断提高分析问题、解决问题和理论联系实际的能力,开发和培养学生的科学思维和创新能力,为后续医学课程的学习打下坚实的基础。

生理学教材、讲义、参考读物和答疑都是学生获取生理学知识的重要方法。但是这些方法在一定程度上缺乏应用实验方法取得知识的主动性,讲解生理过程不可能完全取代生理学实验过程中所进行的直视观察,所以说实验课是生理学教学的重要组成部分。

第二节　生理学实验的类型

生理学实验的种类很多，一般可根据实验的对象不同将生理学实验分为人体实验和动物实验两大类。

一、人体实验

人体实验是研究和阐述人体功能活动规律的科学，如测定人体血压、心率、心电、肺通气功能、体温等，并观察它们在不同的条件下的变化。虽然人体实验的结果直观而准确，但在人体上进行的实验是很有限的，一般只有在不损害人体健康的前提下才能进行人体实验。

二、动物实验

生理学实验多以动物为主要实验对象，通过观察实验动物生命活动的现象、过程，分析其规律、机制以及影响因素，来学习和验证生理学知识。实践证明，人体与动物特别是哺乳动物的基本功能活动规律十分相似。许多在人体不能进行的实验，可以通过研究有关动物体内各器官、组织和细胞的功能活动过程来为人体的各种功能活动规律提供借鉴和实验依据。

动物实验大体上可分为急性实验和慢性实验两大类。

1. 急性实验

急性实验是在短期内能完成的实验，需要在动物麻醉的情况下进行，实验后将动物处死。急性实验根据实验目的的不同，又可分为离体和在体实验。

（1）离体实验：从麻醉或刚死去的动物体内取下所要研究的器官或组织，在适当的条件下进行实验。例如，制备坐骨神经干标本，引导并观察其动作电位的波形；用离体蛙心灌流的方法研究某些离子对心肌生理活动的影响等。

（2）在体实验：一般是指在动物麻醉或破坏脑（脊髓）的条件下，进行活体解剖，暴露出欲研究的器官、组织等进行实验。例如，分离出颈总动脉，施行动脉插管术记录血压，再分离出迷走神经，电刺激之，则可观察迷走神经兴奋对动物血压的影响。这是生理学实验中较常用的方法。

急性实验的优点是时间短暂，方法简单，条件易于控制，实验结果可以重复验证，有利于直接、细致研究细胞、器官或系统的生理功能，其缺点是实验结果不一定能如实反映正常整体内的功能活动规律。

2. 慢性实验

慢性实验是指在无菌麻醉条件下对健康动物施行一定的外科手术，暴露要研究的器官,破坏、摘除某一部分后缝合,通过精心饲养,使动物痊愈,在接近动物正常生活状态的情况下进行实验。例如,摘除肾上腺,观察动物存活率、水盐代谢、运动功能、应激能力等变化。

慢性实验的优点是保持了动物既往生存的自然条件,所得的结果更符合正常的生理活动规律,缺点是整体条件太复杂,不易分析,且实验进程缓慢、方法复杂,难度较大。因受时间、条件的限制,生理实验教学中一般多安排急性实验。

第三节　生理学实验的基本要求

一、课前准备

1. 主动预习实验

学会课前预习实验指导,通过仔细阅读实验教材,了解实验目的、原理、基本内容、方法和操作步骤,尤其要注意实验的"注意事项",避免实验中出现忙乱和差错。

2. 复习有关理论

实验前结合实验内容,复习有关的理论知识,充分理解实验的设计原理和意义。在实验前做到心中有数,力求提高实验课的学习效果。

3. 预测实验结果

根据实验项目预测各个步骤应得的结果,并尝试用已知的理论知识对其加以解释;预测实验中可能会发生的问题,并思考应对办法。

二、实验期间

1. 遵守制度,注意节约

实验器材摆放整齐,保持清洁,有条不紊;公用试剂、仪器设备用后放回指定位置,以免影响他人实验;保持实验室安静,禁止进行与实验无关的操作;注意爱护实验器材、实验动物及标本,节约消耗性器材和药品。每一小组的器械和药品由组长领取(注意清点数目)。

2. 正确操作,统一规范

认真听取指导教师的讲解,注意观察示教操作的演示;按操作规程正确使用仪器和器材,如计算机及打印机等外围设备的电源开、关顺序,实验程序的进入和退出等,以避免损坏设备;注意及时储存实验结果文件和输入有特征的文件名,以防止丢失和方便查找;正确使用器械、正规抓取动物和按要求进行手术操作等,做到规范统一。

3. 积极动手，密切配合

小组中各成员应积极参与实验，根据不同的实验项目，轮流担任不同的角色，以得到全面锻炼；在比较复杂的实验中应明确分工、积极配合，以保证实验的顺利进行。

4. 仔细观测，科学分析

按照实验步骤，以严肃认真的态度进行独立实验操作，仔细、耐心地观察实验过程中出现的现象，及时在实验记录上做好标记，如实地记录实验结果，并联系理论课讲授的内容进行思考。例如：发生了什么现象，为什么出现此种现象，这些现象的生理意义等。实验中遇到的每一个问题及实验结果都须正确对待和科学分析，切忌伪造实验结果。实验的成功与否与实验者的操作、仪器的使用、动物的机能状态、药品剂量和实验方法等都密切相关，因而要严格按照实验要求规范操作。实验中若出现问题，先要自己想办法予以解决，解决不了时，应及时向指导教师汇报情况，请求给予帮助。

5. 讲究卫生，重视环保

实验中用过的腐蚀性试剂，特别是废弃的强酸、碱，应倒入指定的容器内，严禁倒入水池中，以防损坏、腐蚀下水道造成污染；剪掉的动物被毛、丢弃的动物器官及组织等应放入垃圾桶，严禁弃入水池，以免堵塞下水道；放射性污染物应严格按规定要求放置，避免造成大范围污染。

三、实验结束

1. 整理实验用具

整理实验仪器，按操作顺序关闭所用实验仪器和外围设备的电源开关，罩好仪器防尘罩；将存活动物和死亡动物分置于指定场所；清洁实验台面，清除血迹和污渍，将器材按实验前摆放整齐；清洗实验器械，并整理清点，由组长负责交还技术组老师，如有损坏或缺失应及时报告实验技术人员或指导教师。

2. 轮流值日制度

值日生负责打扫实验室，包括清扫地面和走廊，整理讲台、黑板，关闭室内水、电开关和门窗，倒掉垃圾；经指导教师检查合格，在实验室记录上签名后方可离开。

3. 整理实验结果，完成实验报告

认真整理、分析、讨论实验结果，对于没有达到预期结果的项目，要及时分析其原因；在认真整理实验记录的基础上，结合有关理论内容讨论和研究实验现象、实验过程及实验结果，做出结论，按要求书写实验报告（详见第二章），并按时送交指导教师评阅。

第四节　生理学实验室守则

（1）实验室是开展教学实验和科学研究的场所，学生进入实验室必须严格遵守实验室各项规章制度和操作规程，注意安全。

（2）严格遵守学习纪律，准时到达实验室。特殊情况需外出或早退者，应向指导教师请假，征得同意后方可离开。进入实验室必须穿工作衣。实验时应严肃认真，保持实验室的整洁、安静，认真做实验，严禁大声喧哗和进行任何与实验无关的活动。不必要的物品不得带入实验室。如有违反，指导教师有权停止其实验。

（3）课前必须认真充分预习，明确实验目的、方法和步骤；认真听取老师讲解，仔细观察老师示教操作；先熟悉实验仪器和设备的性能及操作要点，经老师同意后才能动手操作仪器和进行实验。若遇仪器损坏或机件不灵，应报告指导教师，以便及时修理或更换，不得擅自拆修和调换。违章操作致使仪器损坏者，按学校相关规定赔偿。

（4）严肃认真进行实验，培养严谨的科学态度、良好的工作作风。实验时认真观察，严格遵守操作规程，如实记录实验数据，养成独立思考的习惯，努力提高分析问题及实验操作的能力。

（5）各小组的实验仪器和器材各自保管使用，不得随意与他组调换挪用，如需补发增添时，应向指导教师申报理由，经同意后方能补领。公用物品用毕即刻放回原处。

（6）实验器械由组长领用，用后清洗干净，清点归还。若有损坏或遗失，应及时报告，酌情赔偿。

（7）爱惜公共财物，注意节约各种实验器材和药品，爱护实验动物。实验物品（包括实验动物）未经批准不得擅自带离实验室。

（8）实验结束，将本组实验器材和桌凳收拾干净、摆放整齐，将动物尸体及污物放到指定处。实验室卫生由各实验小组轮流打扫。值日生要彻底清扫实验室，关闭室内照明和计算机电源开关，关好门窗，倒掉垃圾，经指导教师或实验技术人员检查合格后方可离开实验室。

（9）其他未尽条款以学校实验室规章制度为准。

第二章 生理学实验报告

实验报告是对实验的全面总结,是综合评定实验课成绩的重要依据之一。实验报告的书写也是一项重要的基本技能,是今后撰写科学论文的初始演练。

第一节 实验数据的采集

通过实验研究所做出的结论是以实验数据和结果分析为依据的。因此,数据的采集分析也就成为研究过程的关键环节之一。很多研究误差都是在数据的采集与分析的过程中引入的。完整、准确、客观的实验数据是高质量的实验研究的前提。所以,实验研究人员应特别重视实验数据采集与分析的每一个细节。

一、生理学实验常用观察指标

生物体进行生命活动时会发出多种多样的生物信息。通过一定的方法可以引导出这些信息,经进一步放大处理后可用于显示或反映生物体的功能变化。这些信息便是生理学实验了解、研究生物功能的各种观察指标,主要包括以下几种。

1. 电生理指标

电生理指标来源于对生物电信号的采集与处理。常见的生物电信号包括神经干动作电位、神经放电、诱发电位、心电、脑电、肌电、胃肠电等。生物电信号一般比较微弱(微伏~毫伏级),频率较低(DC~1 000 Hz),且内阻较大。因此,生物电信号须经过专门的仪器采集、放大后方可记录观察。

2. 普通生理指标

普通生理指标主要指伴随生命活动的一些机械信号,用传统的方法即可观察,采集时相对比较容易,包括以下几种。

(1) 压力信号:如血压、胸膜腔内压、中心静脉压等。

(2) 张力信号:如肌肉张力、肠管张力、呼吸运动、蛙心搏动等。压力信号和张力信号均可经相应的换能器转变成电信号。

(3) 流量信号:如尿量、消化液分泌量的测定,一般采用记滴的方法。其他的流量测定一般用电磁流量计或超声多普勒法测量,但由于仪器复杂而在实验中较少采用。

3. 其他指标

其他指标主要包括生化指标,如血糖浓度、体液 pH、尿钠含量等;形态学指标,如微血管口径、红细胞计数等;行为指标,如屈反射等。

随着研究的进步,实验观察指标的种类和精度都会不断增加和提高,只要是能反映生物体功能变化的观察数据,都可以成为生理学实验的观察指标。

二、实验数据的分类与度量

实验数据的度量方式因数据的性质、类别及要求的精度不同而有所差异。我们一般将实验数据分为定量资料和定性资料两大类,每个大类又包含了不同的精度和类别等级。不同类型的资料应采取不同的度量与处理方法。

1. 定量资料

定量资料又称计量资料,是指以具体数值为表达方式的资料,一般有相应的测量单位,是度量的最高级形式。例如,测量体重(kg)、动脉血压(mmHg 或 kPa)、心率(次/min)所获得的具体数据,即为定量资料。使用时要注意使用标准单位和恰当的精度。

2. 定性资料

定性资料又称等级资料,是指将研究对象按某种属性进行归类记录的资料。例如,A 型血或 B 型血、男性或女性、细菌培养结果的阳性或阴性、生理功能的兴奋或抑制等。等级资料根据各分类之间是否存在大小多少的排序特征,又可分为有序分类资料和无序分类资料两种。

(1) 有序分类资料:各类之间有程度的差别,又称半定量资料。例如,进行血清学检查时,抗体的滴度可以分为-、±、+、++、+++、++++ 等;观察某种药物的疗效,可分为治愈、显效、好转、无效等级别。像生理学实验中观察到动物骨骼肌的肌张力增强和肌张力明显增强等都属于此类。

(2) 无序分类资料:各类之间无程度的差别,无法进行优劣比较。包括:① 二项分类,如检测红细胞有无凝集,结果可以是有凝集或无凝集;② 多项分类,如血型,结果可以是 A 型、B 型、AB 型、O 型。定性资料所获得的测量结果以每一类别的样本数来表达时,也称为计数资料。例如,对 1 000 名入学的新生进行血型调查,其结果可能是 A 型血 308 人、B 型血 292 人、AB 型血 90 人、O 型血 310 人。

在统计分析中,习惯于将资料分为计量资料、等级资料和计数资料三种类型,对应于本分类方法分别相当于定量资料、有序分类资料和无序分类资料。根据分析的需要,各类资料的属性可以相互转化。

三、实验数据的评价

实验中获得的原始实验数据是后续分析的基础和导出科学结论的依据,因此实验数据的质量直接影响到研究结果的科学性和可靠性。对数据质量的评价一般有三个方面,即数据的完整性、准确性和精确性。

1. 数据的完整性

数据的完整性是指按照实验设计要求收集所有的实验数据;另一层含义是指应将所有实验数据用于分析过程,不得因某些数据与研究者预期的结果有较大差距而随意删除,或不引入分析过程,即不能任意删除实验数据。

2. 数据的准确性

数据的准确性是指数据是否准确可靠、记录无误,能否真实地反映实验的客观事实。注意克服两方面的误差:① 由实验仪器或方法所造成的误差,即系统误差;② 在数据收集过程中出现的过失误差,即人为误差。

3. 数据的精确性

数据的精确性是指测量数据的精度,即保留多少位有效数字更适合该测量数据。

第二节　实验结果的整理

整理实验结果就是将实验所观察到的现象和所获取的数据进行分析、归纳、综合,并找出其规律的过程。通过整理可以进一步明确已经取得的成绩,并培养自己分析、判断问题的能力,同时为写报告做好准备。

实验结果是实验报告中最重要的部分。应将实验过程中所观察到的现象忠实、正确、全面详细地加以记述。根据实验记录写出实验报告,不可单凭记忆,否则容易发生错误或疏漏。有曲线记录的实验,应尽量用原始曲线表示实验结果,以保证结果的真实性。

实验报告中常用的实验结果的表达方式有以下几种。

1. 描述法

描述法是用文字将观察到的有关现象客观地加以描述。描述时需要有时间概念和顺序。凡属于定量的资料,如高低、长短、快慢、轻重、多少等,均应以正确的计量单位及数值表达。必要时可进行统计学处理,以保证结论的可靠性。不能简单、笼统地描述,如心跳的变化不能只写心跳"加快"或"减慢",而要写出心跳加快或减慢的具体数值。

2. 波形法

波形法指实验中描记的波形或曲线,经过编辑,剪贴在实验报告纸上,以显示实验结果,如记录到的呼吸、血压、肌肉收缩曲线等。在曲线上应有刺激记号、时间记号并加以必要的标注或文字说明。此外,还要就曲线频率、节律、幅度和基线做出定量分析。

3. 表格法和简图法

对计量或计数性资料也可用列表或画图的方式表示，使结果更简明、突出，便于比较分析。制表时，一般将观察项目列在表内左侧，由上而下逐项填写；实验结果等则按顺序由左而右填写。绘图时，在坐标上应标明数字和单位。一般以横坐标表示各种刺激条件，纵坐标表示发生的各种反应，并在图的下方标注实验条件。

第三节 实验报告的写作

对于大多数实验项目，特别是一些重要的实验，均要求每位同学独立完成自己的实验报告。书写实验报告应按照规定，使用统一的报告册和规范的撰写格式，并在规定时间内由班长收齐后送交指导教师评阅。无特殊原因，不得拖延，否则将影响实验成绩。

实验报告的内容可按每个实验的具体要求来写，但是基本内容应包括：一般项目、实验序号和题目、实验目的、实验对象、实验方法和步骤、实验结果、实验讨论和实验结论。要注意文笔简练、通顺，条理清晰，观点明确，字迹要清楚、整洁。

实验报告的具体要求如下。

1. 一般项目

姓名、学号、班级、组别、日期、室温、合作者、指导教师等。

2. 实验序号和题目

3. 实验目的

4. 实验对象

如为动物，要写明种属、性别和体重。

5. 实验方法和步骤

对实验指导书中已有的部分，可简写或省略。如实验操作改动较大，应详加记述。

6. 实验结果

实验结果是实验报告中最重要的部分。应将实验过程所观察到的现象忠实、正确、全面详细地记录。实验中的每项观察都应随时记录。实验结束后，根据记录填写实验报告，不可单凭记忆，否则容易发生错误或遗漏。可根据不同情况正确选用上述不同方法（描述法、波形法、表格法和简图法）。有曲线记录的实验，应尽量用原始曲线表示实验结果，以保证结果的真实性。

7. 实验讨论

实验结果是围绕实验目的，根据已知的理论知识，通过分析和思考，尝试对实验中出现的现象及结果做出客观、深入的解释和概括，指出实验结果的生理意义。如果出现非预期结果,应分析其可能原因。在讨论实验结果时,要理论联系实际,从现象中找出规律,可以提出并论证自己的观点,重点要从实验结果中归纳出所验证理论的概念和原理。

8. 实验结论

实验结论是从实验结果中归纳出的一般性、概括性的判断,也就是对该实验所能验证的概念或理论的简明总结。结论应简明扼要,切合实际,不应罗列和重复具体的结果,在实验中没有得到充分证明的问题不应写入结论中。

实验讨论和结论的书写是富有创造性的工作,应该严肃认真,不应盲目抄袭书本和他人的实验报告,可适当开展同学间的讨论,加深对实验的理解。

附:生理学实验报告的基本格式

姓名_____ 学号_____ 班级_____ 实验室(小组)_____
日期_____ 室温_____ 合作者_____
指导教师_____
实验序号和题目_____
实验目的_____
实验对象_____
实验方法和步骤_____
实验结果_____
实验讨论_____
实验结论_____

第二篇　实验器材与药品

第三章　生理学实验常用仪器和手术器械

第一节　实验室的一般装置

一、电极

将刺激器的脉冲输出引导至组织的器具称刺激电极。在检测生物电或进行电刺激时,电极是仪器系统与生物体连接的环节,根据对实验的精确度以及结果的可重复性等要求的不同,电生理学中采用的电极种类(图3-1)也不同。

1. 普通电极

普通电极是由银、铂、镍、不锈钢或钨制成的针形或片状电极,电阻一般很小,制作也简单。因其尺寸通常是毫米级的,为了与微米级尺寸的"微电极"区分,故常被称为"宏电极"。根据其功能特点的不同,可分为多种,如实验中常用的刺激电极、记录电极(或引导电极)、保护电极、埋藏电极和表面电极等,都属于此类电极。

2. 保护电极

保护电极的银丝包埋在绝缘框套中,下端侧挖一空槽,使银丝裸露少许,以便与组织接触,其他构造与普通电极相同。这种电极用于刺激在体神经干,保护周围组织免受刺激。

3. 乏极化电极

乏极化电极是用途很广的普通电极（也称为甘汞电极），它是由金属、非溶性金属盐及含有非溶性金属盐同种阴离子的可溶性盐或酸组成的电极，如 Hg、Hg_2Cl_2、KCl 溶液。如果用它作为阳极，则从组织来的阴离子，特别是 Cl，聚集在电极上而形成 Hg_2Cl_2。如果用它作为阴极，则发生相反的反应。这样，电极从定性的角度来讲，没有发生改变。

4. 银-氯化银电极

Ag-AgCl 盘状或杯状电极是在银电极的表面用电化学的方法将银电极表面的银氯化为一薄层氯化银（电极厚度的 10%～25%）。该电极具有不易极化的性能，比纯金属电极具有更小的电噪声，在低频范围内尤其如此。制备好的电极要避免干燥、摩擦和光照。因此，最好将其储存在内充 0.9% NaCl 溶液的不透光的容器内。该电极常用来记录脑电及诱发电位。

5. 微电极

微电极有金属和玻璃两类，其电学性质不同，适用范围也略有差别。金属微电极是一种高强度金属针，尖端以外的部分用漆或玻璃绝缘。金属电极丝由不锈钢、铂铱合金或碳化钨丝在酸性溶液中电解腐蚀而成，有多种成品可供选择，缺点是微电极的几何形状与绝缘状态难以保持一致。玻璃微电极可由用户根据需要用硬质毛细管拉制而成，用于测量细胞内静息电位和动作电位时，其尖端须小于 0.5 μm。

 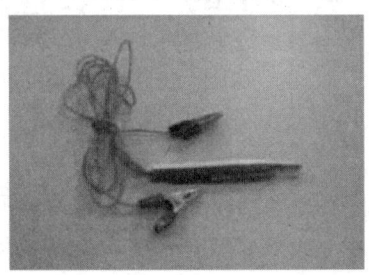 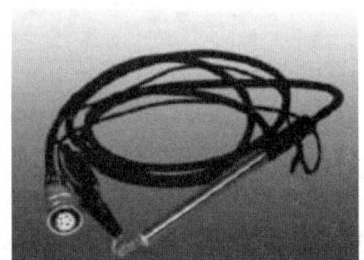

普通电极　　　　　　保护电极　　　　　　乏极化电极

图 3-1　刺激电极的主要类型

二、换能器（传感器）

医用传感器是用来将机体生理活动的信息转换成与之有确定函数关系的电信息的变换装置。它是医学仪器中与机体进行直接耦合的环节，其功能是把机体的生理信息拾取出来，以便进一步实现传输、处理和显示。通过换能器可把生理学实验中一些机械力或容量的变化转换成电能（电流或电压），以便将此电能输入不同仪器加以处理，对其代表的生理变化做深入分析。

生理学实验中常用的换能器有以下三类（图 3-2）。

1. 压力换能器

压力换能器主要用来测量血压、胸腔内压、心内压、颅内压、胃肠内压和眼内压等。它可以把压力的变化转化为电阻率的变化,电信号的大小与外加压力的大小线性相关。

2. 张力换能器

张力换能器主要用于记录骨骼肌、心肌、平滑肌等组织的收缩曲线。它可以把张力信号转换成电信号,再经放大器将转换的电信号放大后观察或记录。

3. 呼吸流量换能器

呼吸流量换能器主要用于测量动物的呼吸波、呼吸流量,可直接连到动物的气管上进行测量。

换能器的使用方法将在以后的相关实验中介绍。

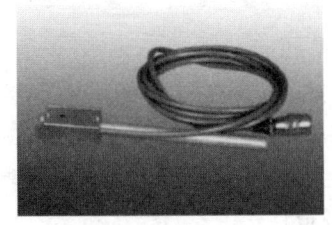 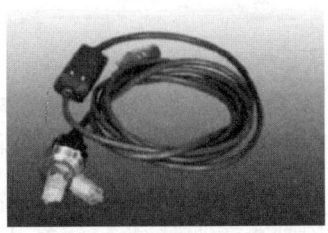 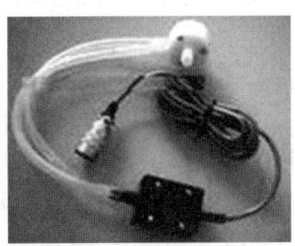

张力换能器　　　　　压力换能器　　　　　呼吸流量换能器

图 3-2　换能器的主要类型

换能器使用注意事项:

(1) 张力换能器的应变元件非常精细,使用时要特别小心,实验时不能用力牵拉或用力扳弄换能器的悬梁臂,以免损坏仪器。换能器应水平地安置在支架上,正式记录前应预热 30 min,以确保精度。使用时,防止生理盐水等溶液渗入换能器。

(2) 压力换能器在使用时应固定在支架上,不得随意改变其位置,使用前预热 30 min,待零位稳定后方可进行测量。在进行测量前,要将换能器两个压力嘴分别与三通管接好,不得有漏水现象,可用压力计先预压 2～3 次,然后再调整零位基准。换能器结构中有调零电位器,与记录仪配合调整。注意将"O"形圈垫好,以免漏水。

三、肌动器

肌动器(肌板、肌槽)由绝缘的电木底板(或槽)、电极等组成,是生理学实验中的常用仪器。将制备好的坐骨神经-腓肠肌标本的股骨用股骨固定螺丝固定在肌板上,将神经放在肌板电极上。肌板电极的接线柱与电刺激器的输出电极相连,标本跟腱上的线与张力换能器相连。

四、屏蔽盒

屏蔽盒是用来放置并刺激神经标本的装置,外壳一般由金属铜或有机玻璃制成,内部有七个绝缘、固定于一侧的可滑动银质电极,分别是两个刺激电极、一个地线、四个引导电极。有的屏蔽盒地线为圆盘状,或串联一个可变电阻,以调控刺激伪迹的大小。屏蔽盒可用于神经干动作电位的引导及其他电生理实验。使用时应注意接地良好,屏蔽盒底部可用湿润的滤纸保持其中的湿度,以防标本干燥。

五、记滴器

记滴器由一个固定棒和两个平行开路电极及输入线组成,是用来记录液体(如尿液、胰液、胆汁等)滴数的装置。当平行电极间有液体通过时线路导通,产生一次电脉冲,信息经输入线传入记录装置,可在记录仪上记录一次电信号,表示一次液滴。使用时注意两平行电极之间应保持适当间距,并在固定记滴器时使前端稍向下倾斜,以便液滴及时清除,使电极回到开路状态,等待测定下一次液滴。

六、锌铜弓

锌铜弓(双极电极)(图3-3)是由锌条和铜条组成两臂,用锡在二者的一端焊接而成。在使用时,锌铜弓两臂构成了短路的、原始的伏特(Volt)电池的两个电极,被刺激组织的表面液体作为电解质,在金属与溶液之间产生电位差,即电极电位。锌铜弓在实验中常用于对神经肌肉标本施加刺激,以检查其兴奋性。

使用电极的注意事项:

(1)在使用刺激电极之前,必须检查刺激电路是否接通,其方法可用刺激电极刺激一小块新鲜的骨骼肌,观察有无收缩反应。

(2)在刺激电极周围不应用很多的组织液或生理盐水溶液,以免电流经电解质溶液传导而刺激其他组织,但也应注意勿使组织干燥而失去机能。

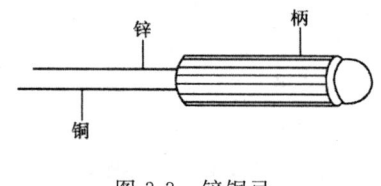

图3-3 锌铜弓

第二节 蛙类实验手术器械

手术器械是动物实验中施行手术的必需工具。手术器械的种类、样式很多,根据实验对象及实验项目选择合适的器械并正确熟练地掌握这些器械的使用方法是手术操作顺利进行的保证。如图3-4所示为生理学实验中常用的手术器械。

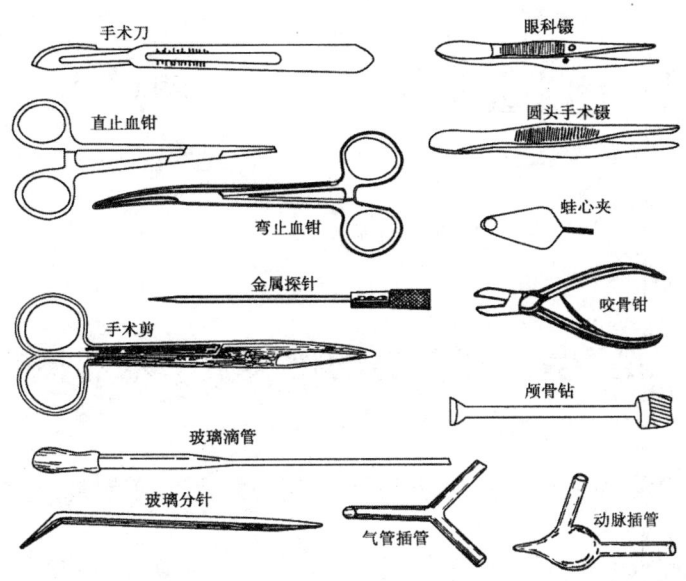

图 3-4 动物实验常用手术器械

1. 剪刀

剪刀包括粗剪刀和眼科剪,粗剪刀用于剪骨、肌肉和皮肤等粗硬组织,眼科剪用于剪神经和血管等细软组织。

2. 手术镊

手术镊主要用于夹持或提起组织,以便剥离、剪开或缝合。手术镊有圆头、尖头两种,又有直头和弯头,有齿和无齿之分,且长短大小不一。圆头镊子用于夹捏组织和牵拉切口处的皮肤;无齿的眼科镊用于夹捏细软组织。正确的执镊姿势是以拇指对食指和中指,分别执住镊的两脚(图 3-5)。

3. 金属探针

金属探针用于破坏脑和脊髓。

4. 玻璃分针

玻璃分针用于分离神经和血管等组织,因其光滑故不易对神经和血管产生损伤。

5. 锌铜弓

锌铜弓用于对神经肌肉标本施加刺激,检查其兴奋性。

6. 蛙板

蛙板约为 20 cm×15 cm 的木板,板中央可嵌一玻璃片。蛙板用于固定蛙类,可用图钉或大头针将蛙腿钉在板上。

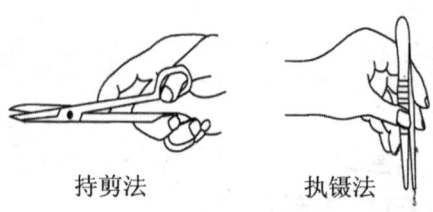

图 3-5　正确持剪、执镊法

第三节　哺乳类动物实验手术器械

哺乳类动物实验中常用的手术器械,除上述的粗剪刀、手术镊、玻璃分针外,还包括以下几种。

1. 手术刀

手术刀用于切开皮肤和脏器,分为刀片和刀柄两部分。手术刀片有圆、尖、弯刃及大、小和长、短之分,手术刀柄有大、小及长、短之分,可根据实验的需要选用。常用的执刀方法有四种(图 3-6)。

(1) 执弓式:是最常用的一种执刀方式,动作范围广而灵活,用于各种腹部皮肤切口。

(2) 执笔式:用于切割短小的切口,用力轻柔而操作精细,如解剖血管、神经等。

(3) 握持式:用于切割范围较广、用力较大的切口。

(4) 反挑式:用于向上挑开,以免损伤深部组织。

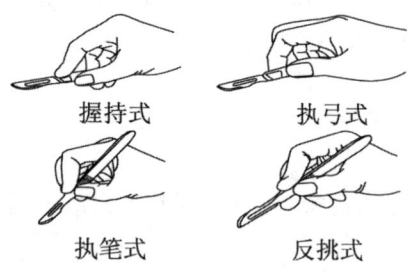

图 3-6　执刀法

2. 手术剪

手术剪分直剪、弯剪两种类型,各型又分钝头剪、尖头剪。眼科剪是一种小型的手术剪。正确的执剪姿势是:拇指和无名指分别插入剪柄的两环中,中指放在无名指环的前方柄上,食指轻压在手术剪的轴节上(图 3-5)。手术剪在手术中有两种作用:一是剪断软组织;二是利用剪刀的尖端,插入组织间隙,撑开、分离疏松的粘连和无较大血管的组织。

3. 止血钳

止血钳除用于夹持血管或出血点起止血作用外,有齿的还用于提起皮肤,无齿的用于分离皮下组织。蚊式止血钳较小,适于分离小血管和神经周围的结缔组织,也可用于分离组织、牵引缝线、协助拔针等。血管钳分为直、弯、全齿和平齿等不同类型。血管钳的使用方法基本同手术剪,但止血钳柄环间有齿,可咬合锁住,放开时,插入钳柄环口的拇指和无名指相对挤压后,无名指、中指向内,拇指向外旋开两柄,左手松钳法与右手不同。

4. 持针器

持针器用于夹持缝针,缝合各种组织。持针器的上端较短,口内有槽,区别于直止血钳。使用方法:用持针器尖端夹持缝针。缝针被夹住的部位,应在缝针后端近1/3处。执持针器与执剪刀姿势相同,但为了缝合方便,可不必将拇指和无名指套在环中,直接持于近端处。

5. 缝合针

缝合针用于各种组织的缝合。缝合针按头端形状可分为圆针和三棱针两种,又分别有弯直、大小之别。圆针适合缝合一般软组织,如血管、神经鞘膜、胃肠道、筋膜、腹膜等。三棱针适合用于缝合皮肤及韧带等,但留针眼大,损伤大。弯针可用持针器夹持,直针可用手持用。

6. 咬骨钳

咬骨钳用于打开颅骨和骨髓腔时咬骨,有蝶式和剪式两种。前者用于咬切片状骨,后者用于剪切骨质。

7. 颅骨钻

颅骨钻开颅时钻孔用。根据所需骨窗的大小选用不同口径的钻头。

8. 动脉夹

动脉夹用于阻断动脉血流。

9. 气管插管

急性动物实验时插入气管,以保证呼吸通畅。

10. 血管插管

动脉插管在急性动物实验时插入动脉,另一端接换能器,以记录血压。静脉插管插入静脉后固定,以便放血、注射药物和溶液。

第四章　生理学实验常用药品及其配制

第一节　麻醉药

在动物实验手术之前，必须对动物进行麻醉，以减少实验中动物的疼痛，保持动物安静，确保实验能够顺利进行。麻醉方式和麻醉剂的选用，应视具体的实验要求、实验动物种类而定（表4-1）。

表4-1　常用非挥发性麻醉药品的用法及用量

麻醉药名	动物	给药途径	给药剂量（mg/kg）	常配浓度（％）	给药量（mL/kg）	维持时间
戊巴比妥钠（Pentobarbital Nalricun）	狗、猫、兔	静脉腹腔	30～42	3	1.0	2～4 h，中途加1/5量可维持1 h以上，麻醉力强，易抑制呼吸
	豚鼠	腹腔	40～50	2	2.0～2.5	
	大、小白鼠	腹腔	45	2	2.3	
氨基甲酸乙酯（乌拉坦）（Urethane）	狗、猫、兔	静脉腹腔	750～1 000	20	5.0	2～4 h，应用安全，毒性小，更适用于小动物麻醉
	大、小白鼠	肌肉	1 350	20	7.0	
	蛙类	皮下淋巴囊	200 400～600 mg/只	20	2～3 mL/只	
硫喷妥钠（Thiopental Sodium）	狗、猫、兔	静脉腹腔	2～50	2	1.3～2.5	0.5～1 h，麻醉力最强，注射宜慢，维持剂量按情况掌握，水溶液不稳定，必须临时配制，溶液的浓度不可超过5％
	大、小白鼠	腹腔	50～100	1	5.0～10.0	

续　表

麻醉药名	动物	给药途径	给药剂量 (mg/kg)	常配浓度 (%)	给药量 (mL/kg)	维持时间
水合氯醛 (Chloral Hydrate)	狗、猫	静脉 腹腔	80～100 100～150	10 10	0.8～1.0 1.0～1.5	1.5～3 h
	兔	直肠 静脉	1 000 50～75	5 5	20 1.0～1.5	
巴比妥钠 (Barbital Sodium)	猫	腹腔 口服	200 400	5 10	4.0 4.0	4～6 h,麻醉诱导期较长,深度不易控制
	兔	静脉	200	5	4.0	
	鼠类	腹腔	200	2	10	
氯醛糖 (Chloralose)	狗、猫、兔	口服 皮下、静脉	60～80	2	2.5	3～4 h,抑制呼吸及血管中枢作用小,诱导期作用不明显
	大白鼠	腹腔	80～100	2	2.5	
盐酸吗啡 (Morphine) 与乙醚配合用	狗	皮下 腹腔	8～10 8	1 1	0.9～1.0 0.8	麻醉程度轻,适合一般功能实验

注:以上各种溶液最好都用 0.9% 生理盐水临时配制。

使用全身麻醉剂的注意事项:

(1) 麻醉剂的用量,除参照表 4-1 外,还应考虑到个体对药物的耐受性不同,而且体重与所需剂量的关系也并不是绝对成正比的。一般来说,衰弱和过胖的动物,其单位所需剂量较小。在使用麻醉剂过程中,随时检查动物的反应情况,尤其是采用静脉注射时,绝不能仅按根据体重计算出的用量而匆忙注入,应该缓慢注射,在注射过程中密切观察动物情况。

(2) 在注射麻醉药前应检查有无混浊或沉淀。药物配制时间太久不宜使用,最好用时临时配制。

(3) 动物在麻醉期体温下降,要采取保温措施。应随时观察体温的变化,可在动物的肛门插入体温计。

(4) 静脉注射必须缓慢,同时观察肌肉紧张性、角膜反射和对皮肤夹捏的痛的反应。当这些反应明显减弱或消失时,应立即停止给药。

(5) 在寒冷的冬季进行慢性实验时,注射前应将麻醉剂加热至动物体温水平。

(6) 吸入性麻醉剂常使用乙醚,麻醉时应密切观察动物的状态,防止麻醉过深而使动物死亡。

第二节 常用生理溶液

在生理学实验中，常用的生理溶液有生理盐水、任氏液、乐氏液及台氏液。这些生理溶液是为了在进行离体器官或组织实验时，使标本尽可能处于近似在体内的环境中，以保证其正常的功能活动；而用于灌流组织的液体，其电解质成分、晶体渗透压、pH、缓冲能力、温度及营养物质应与组织液相近。不同的动物组织器官对氧和营养物质等内环境成分的需求有一定差异，各种实验的目的也不尽相同，所以，各种生理溶液的成分也有所不同。常用生理溶液的成分及配制如表4-2、表4-3所示。

表4-2 常用生理溶液的成分

药品名称	浓度(g/1000mL)				
	任氏液（两栖类）	乐氏液（哺乳类）	台氏液（哺乳类）	生理盐水（两栖类）	生理盐水（哺乳类）
氯化钠(NaCl)	6.5	9.0	8.0	6.5	9.0
氯化钾(KCl)	0.14	0.42	0.2	—	—
氯化钙($CaCl_2$)	0.20	0.24	0.2	—	—
碳酸氢钠($NaHCO_3$)	0.20	0.1~0.3	1.0		
磷酸二氢钠(NaH_2PO_4)	0.01	—	0.05		
氯化镁($MgCl_2$)	—	—	0.1		
葡萄糖(G.S)	2 g(可不加)	1.0~2.5	1.0~2.5	—	—
蒸馏水	加至1 000 mL				

配制生理溶液的方法是，先将各成分分别配成一定浓度的基础液（表4-3），然后如表所示分量混合。

表4-3 基础溶液的浓度及分量

成分	浓度(%)	任氏液(mL)	乐氏液(mL)	台氏液(mL)
氯化钠(NaCl)	20	32.5	45.0	40.0
氯化钾(KCl)	10	1.4	4.2	2.0
氯化钙($CaCl_2$)	10	1.2	2.4	2.0
磷酸二氢钠(NaH_2PO_4)	1	1.0	—	5.0
氯化镁($MgCl_2$)	5	—	—	2.0
碳酸氢钠($NaHCO_3$)	5	4.0	2.0	20.0
葡萄糖(G.S)	5	2 g(可不加)	1.0~2.5 g	1.0 g
蒸馏水		加至1 000 mL		

注：在配制任氏液和台氏液时，应先将原液混合并加入蒸馏水，最后再逐滴加入氯化钙，同时要边加边搅拌，以免形成不溶解的钙盐沉淀。另外，葡萄糖应在用前临时加入，以免滋长细菌。

第三节 常用血液抗凝剂

一、肝素

肝素的抗凝作用很强，常用来作为全身抗凝剂，特别是在进行微循环方面动物实验时肝素的应用更有其重要意义。纯的肝素 10 mg 能抗凝 100 mL 血液（按 1 mg 等于 100 IU，10 IU 能抗凝 1 mL 血液计）。如果肝素纯度不高或已过期，所用的剂量应增大 2～3 倍。用于试管内抗凝血时，一般可配成 1% 肝素生理盐水溶液，取 0.1 mL 加入试管内，加热至 100℃ 烘干。每管能使 5～10 mL 血液不凝固。用于动物全身抗凝血时，一般剂量为：大白鼠 2.5～3.0 mg/200～300 g 体重；家兔 10 mg/kg 体重；狗 5～10 mg/kg 体重。

二、草酸盐合剂

草酸盐合剂配方：草酸铵 1.2 g，草酸钾 0.8 g，福尔马林 1.0 mL，蒸馏水加至 100 mL。配成 2% 溶液，每毫升血加草酸盐合剂 0.1 mL（相当于草酸铵 1.2 mg，草酸钾 0.8 mg）。用前根据取血量将计算好的量加入玻璃容器内烘干备用。如取 0.5 mL 于试管中，烘干后每管可使 5 mL 血液不凝固。此抗凝剂最适合做红细胞比积测定，能使血凝过程中所必需的钙离子沉淀，达到抗凝的目的。

三、枸橼酸钠

常配成 3%～5% 水溶液，也可直接用粉剂。每毫升血液加 3～5 mg 即可达到抗凝的目的。

枸橼酸钠可使钙失去活性，故能防止凝血，但其抗凝作用较差，碱性较强，不宜作化学检查之用，可用于红细胞沉降速度测定。急性血压实验中所用的枸橼酸钠为 5%～6% 溶液。

四、草酸钾

每毫升血液需加 1～2 mg 草酸钾。如配制成 10% 水溶液，每管加 0.1 mL 就可使 5～10 mL 血液不凝固。

第五章　计算机实验教学系统——BL-420生物机能实验系统简介

第一节　概　　述

BL-420生物机能实验系统是一种配置在计算机上的智能化的四通道生物信号采集、放大、显示、记录及数据处理系统。它具有记录仪、示波器、放大器、刺激器、心电图仪等传统机能实验常用仪器的全部功能,有传统仪器所无法实现的数据分析功能。实验室现有BL-420F、BL-420N型号。

BL-420生物机能实验系统由以下三个主要部分(图5-1)构成：
(1) 计算机。
(2) BL-420系统硬件。
(3) 生物信号采集与分析软件。

图5-1　BL-420生物机能实验系统组成

BL-420系统硬件是一台程序可控的,带四通道生物信号采集与放大功能,并集成高精度、高可靠性以及宽适应范围的程控刺激器于一体的设备。生物信号采集与分析软件利用微机强大的图形显示与数据处理功能,可同时显示四通道从生物体内或离体器官中探测到的生物电信号或张力、压力等生物非电信号的波形,并可对实验数据进行存储、分析及打印。它完全替代了原有利用分离的放大器、示波器、记录仪、刺激器等仪器所构成的烦琐而性能低下的生物信号观测系统,功能更加强大与灵活,必将成为下一代的生物信号显示与处理系统。

第二节　生物机能实验系统的原理简介

生物机能实验系统的基本原理如图 5-2 所示，首先将原始的生物机能信号，包括生物电信号和通过传感器引入的生物非电信号进行放大（有些生物电信号非常微弱，比如减压神经放电，其信号为微伏级，如果不进行信号的前置放大，根本无法观察）、滤波（由于在生物信号中夹杂有众多声、光、电等干扰信号，比如电网的 50 Hz 信号，这些干扰信号的幅度往往比生物电信号本身的强度还要大，如果不将这些干扰信号滤除掉，会因为过大的干扰信号致使有用的生物机能信号本身无法观察）等处理，然后对处理过的信号通过模数转换进行数字化并将数字化后的生物机能信号传输到计算机内部，计算机则通过专用的生物机能实验系统软件接收从生物信号放大、采集硬件传入的数字信号，然后对这些收到的信号进行实时处理，一方面进行生物机能波形的显示，另一方面进行生物机能信号的实时存储。另外，它还可根据操作者的命令对数据进行指定的处理和分析，比如平滑滤波、微积分、频谱分析等。对于存储在计算机内部的实验数据，生物机能实验系统软件可以随时将其调出进行观察和分析，还可以将重要的实验波形和分析数据进行打印。

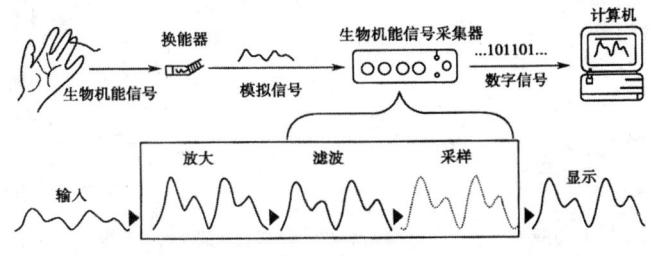

图 5-2　生物机能实验系统的基本原理

第三节　BL-420F 生物信号显示与处理软件界面介绍

一、主界面

TM_WAVE 生物信号采集与分析软件的主界面是用户与 BL-420/820 生物机能实验系统打交道的唯一手段，为了能尽快地掌握 BL-420/820 生物机能实验系统来完成自己的生物机能实验，首先需要认识 TM_WAVE 软件的主界面，熟悉主界面上各个部分的用途。

主界面从上到下依次主要分为标题条、菜单条、工具条、波形显示窗口、数据滚动条及反演按钮区、状态条等几个部分（图 5-3）；从左到右主要分为标尺调节区、波形显示区和分时复用区三个部分。

在标尺调节区的上方是通道选择区，下方是 Mark 标记区。分时复用区包括控制参数调节区、显示参数调节区、通用信息显示区、专用信息显示区和刺激参数调节区五个分区，它们分时占用屏幕右边相同的一块显示区域，可以通过分时复用区底部的 5 个切换按钮在它们之间进行切换。

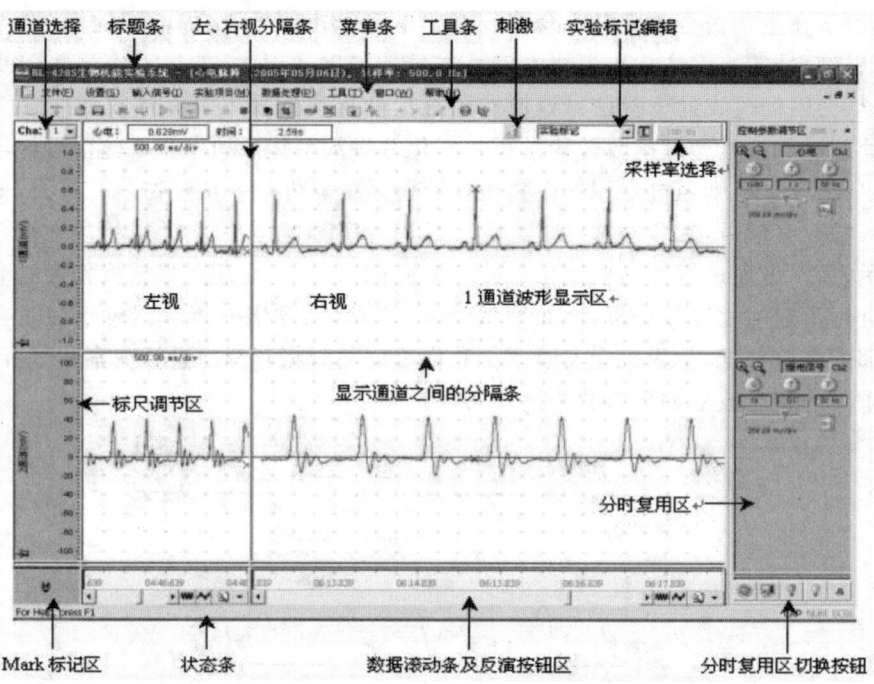

图 5-3　BL-420F 生物信号显示与处理软件主界面

TM_WAVE 软件主界面中需要特别说明的是视的概念。视可以看作为一个用于观察生物波形信号的复合显示窗口，其中包括直接用于观察生物波形的显示窗口和相关的辅助窗口。每一个视均包含有 6 个子窗口，它们分别是：时间显示窗口（用于显示记录数据时间）、4/8 个通道的波形显示窗口（每个通道对应于一个波形显示窗口）、数据滚动条及反演按钮区（用于数据定位和查找）。

视的重要性就在于它把波形的显示部分组成了一个整体，即视就是一个完整的波形显示系统，那么到底左、右视的设计有什么好处呢？首先，在 TM_WAVE 软件中的左、右视的大小并不固定，我们通过左、右视分隔条可以同时改变左、右视的大小，一个视变大的同时另一个视缩小，当我们把左、右视分隔条移动到最左边或最右边时，其中一个视消失，另一个视变为最大，此时，它具有单视显示系统的全部优点，如显示区域最大等；其次，如果左、右视同时出现（参见图5-3），在实时实验过程中，我们可以使用右视观察即时出现的波形，同时使用左视观察过去时间记录的波形，这样，在不暂停或停止实验的情况下，我们可以观察本次实验中任何时段的波形；最后，在数据反演时，可以利用左、右视比较不同时段或不同实验条件下的波形。这些都是单视系统所无法比拟的。

TM_WAVE软件主界面上各部分功能清单参见表5-1。

表5-1　TM_WAVE软件主界面上各部分功能一览表

名称	功能	备注
标题条	显示TM_WAVE软件的名称及实验相关信息	软件标志
菜单条	显示所有的顶层菜单项，您可以选择其中的某一菜单项以弹出其子菜单。最底层的菜单项代表一条命令	菜单条中一共有8个顶层菜单项
工具条	一些最常用命令的图形表示集合，它们使常用命令的使用变得方便与直观	共有22个工具条命令
左、右视分隔条	用于分隔左、右视，也是调节左、右视大小的调节器	左、右视面积之和相等
特殊实验标记编辑	用于编辑特殊实验标记，选择特殊实验标记，然后将选择的特殊实验标记添加到波形曲线旁边	包括特殊标记选择列表和打开特殊标记编辑对话框按钮
标尺调节区	选择标尺单位及调节标尺基线位置	
波形显示窗口	显示生物信号的原始波形或数据处理后的波形，每一个显示窗口对应一个实验采样通道	
显示通道之间的分隔条	用于分隔不同的波形显示通道，也是调节波形显示通道高度的调节器	4/8个显示通道的面积之和相等
分时复用区	包含硬件参数调节区、显示参数调节区、通用信息区、专用信息区和刺激参数调节区五个分时复用区域	这些区域占据屏幕右边相同的区域
Mark标记区	用于存放Mark标记和选择Mark标记	Mark标记在光标测量时使用
时间显示窗口	显示记录数据的时间	在数据记录和反演时显示
数据滚动条及反演按钮区	用于实时实验和反演时快速数据查找和定位，可同时调节四个通道的扫描速度	
切换按钮	用于在五个分时复用区中进行切换	
状态条	用于在五个分时复用区中进行切换显示当前系统命令的执行状态或一些提示信息	

二、生物信号波形显示窗口

生物信号波形显示窗口是 BL-420F 软件主界面中最重要的组成部分,观察到的所有生物信号波形及处理后的结果波形均显示在波形显示窗口中。BL-420F 生物机能实验系统可同时观察四个通道的生物信号波形,每个实验通道对应一个波形显示通道。实验时可以根据自己的需要在屏幕上显示 1 个、2 个、3 个或 4 个波形显示窗口,也可以通过波形显示窗口之间的分隔条调节各个波形显示窗口的高度。将鼠标放在显示窗口下部的通道分隔条上,拖动分隔条即可改变该窗口的显示高度,如只想显示某一通道,就在该通道处双击鼠标左键。在任一个显示窗口上双击鼠标左键,将所有通道的显示窗口恢复到初始的大小。

图 5-4 表示一个通道的波形显示窗口,其中包含有标尺基线、波形显示和背景标尺格线等三部分;表 5-2 中列举了波形显示窗口中各部分的功能。

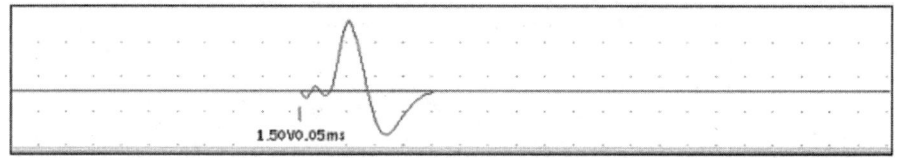

图 5-4　BL-420F 软件生物信号显示窗口

表 5-2　生物信号波形显示窗口各部分功能一览表

名称	功能	备注
标尺基线	生物信号的参考零点,其上为正,其下为负	
波形显示	显示采集到的生物信号波形或处理后的结果波形	
背景标尺格线	波形幅度大小和时间长短的参考刻度线或点	其类型和颜色可选

在通道显示窗口中还有一个快捷功能菜单(图 5-5)可供选择。在信号窗口上单击鼠标右键时,TM_WAVE 软件将会完成两项功能:一是结束所有正在进行的选择功能和测量功能,包括两点测量、区间测量、细胞放电数测量以及心肌细胞动作电位测量等;二是将弹出一个快捷功能菜单,参见图 5-5。这个快捷功能菜单包含的命令大部分与通道相关,所以如果需要对某个通道进行操作,就直接在那个通道的显示窗口上单击鼠标右键弹出与那个通道相关的快捷菜单,比如对某个通道的波形进行信号反向或平滑滤波等操作。

在理解显示窗口快捷菜单命令之前,我们还需要解释一个概念——区域选择。所谓区域选择是指在一个或多个通道显示窗口中选择一块区域,并且该区域以反色方式显示。区域选择之所以重要,是因为有很多功能与其相关,包括显示窗口快捷菜单中的数据导出功能;另外,在进行区域选择的同时,TM_WAVE 软件内部还完成了选择区域参数测量(与区间测量相似,但不完全相同)和选择区域图形复制等操作,所以区域选择是一个基础性的概念。

怎么进行区域选择呢？有两种不同的区域选择方法:一是只在一个通道显示窗口中进行区域选择,即只选择一个通道显示窗口中的内容,参见图5-6;二是同时选择所有通道显示窗口中相同时间段的一块区域,参见图5-7。两种区域选择的操作方法基本相同,只是完成操作的窗口不同,前一种操作在通道显示窗口中完成,后一种操作在时间显示窗口中完成。

区域选择的具体操作方法是:在将要选择区域的左上角按下鼠标左键以确定选择区域的左上角,然后在按住鼠标左键不放的情况下向右下方拖动鼠标以选择区域的右下角,当选择好区域的右下角后松开鼠标左键即完成区域选择操作。

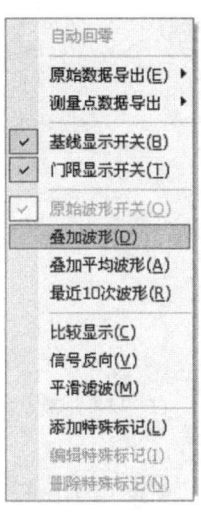

图 5-5　快捷功能菜单

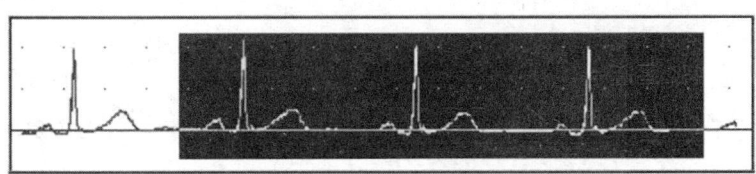

图 5-6　在一个通道显示窗口中进行区域选择

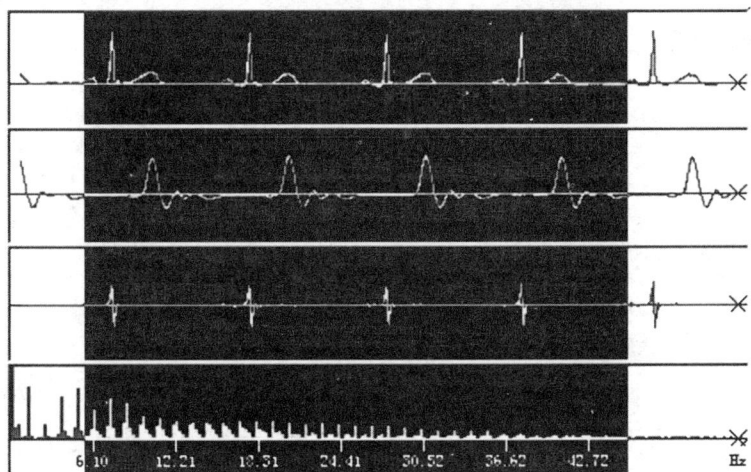

图 5-7　对多个通道显示窗口中相同时间段的区域进行区域选择

当进行区域选择后,系统内部将自动完成选择区域的图形复制功能。所谓图形复制,就是将区域选择的一块窗口区域连同从这块区域波形中测出的数据一起以图形的方式发送到 Windows 操作系统的一个公共数据区剪辑板内，以后可以将选择的这块图形粘贴到任何可以显示图形的 Windows 应用软件中，如 Word、Excel 或画图，方法是选择这些软件"编辑"菜单中的"粘贴"命令。

第四节　刺激器设置说明

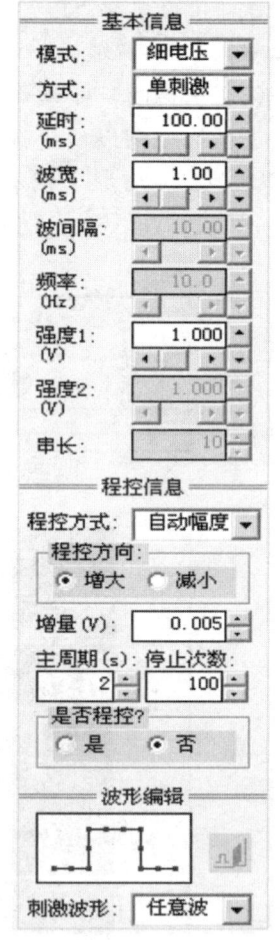

图 5-8　刺激器参数调节区

1. 模式

有四种刺激器模式，它们分别是粗电压、细电压、粗电流及细电流。

粗电压刺激模式的刺激范围为 0～100 V，步长为 5 mV；细电压刺激模式的刺激范围为 0～10 V，步长为 5 mV；粗电流刺激模式的刺激范围为 0～20 mA，步长为 10 μA；细电流刺激模式的刺激范围为 0～20 mA，步长为 1 μA。

2. 方式

调节刺激器的刺激方式。

有五种刺激方式可供选择，它们分别是单刺激（默认选择）、双刺激、串刺激、连续单刺激与连续双刺激。

3. 延时

调节刺激器第一个刺激脉冲出现的延时。

延时的单位为 ms，其范围从 0～6 s 可调。每调节粗调按钮一次，其值改变 5 ms，调节微调按钮一次，其值改变 0.05 ms。

4. 波宽

调节刺激器脉冲的波宽。

波宽的单位为 ms，其范围从 0～2 s 可调。每调节粗调按钮一次，其值改变 0.5 ms，调节微调按钮一次，其值改变 0.05 ms。

5. 波间隔

调节刺激器脉冲之间的时间间隔（适用于双刺激和串刺激）。

波间隔的单位为 ms，其范围从 0～6 s 可调。每调节粗调按钮一次，其值改变 0.5 ms，调节微调按钮一次，其值改变 0.05 ms。波间隔的有效范围还受到刺激频率的影响。

6. 频率

调节刺激频率(适用于串刺激和连续刺激方式)。

频率的单位为 Hz,其范围从 0~2 000 Hz 可调。每调节粗调按钮一次,其值改变 10 Hz,调节微调按钮一次,其值改变 0.1 Hz,但刺激器的频率受到波宽和波间隔(在串刺激和连续双刺激时波间隔才起作用)的影响,因此如果调节的波宽较长,刺激频率将不能调节到 2 000 Hz,计算机会自动计算出当时可以调节的最高刺激频率。

7. 强度 1

调节刺激器脉冲的电压幅度(当刺激类型为双刺激时,则是调节双脉冲中第一个脉冲的幅度)或电流强度。

电压幅度的单位为 V,其范围从 0~100 V 可调(BL-420 系统刺激器还包含 −30~30 V 的可调范围)。在粗电压模式下,每调节粗调按钮一次,其值改变 500 mV,调节微调按钮一次,其值改变 50 mV;在细电压模式下,每调节粗调按钮一次,其值改变 50 mV,调节微调按钮一次,其值改变 5 mV。

电流强度的单位为 mA,其范围从 0~20 mA 可调。在粗电流模式下,每调节粗调按钮一次,其值改变 100 μA,调节微调按钮一次,其值改变 10 μA;在细电流模式下,每调节粗调按钮一次,其值改变 10 μA,调节微调按钮一次,其值改变 1 μA。

8. 强度 2

当刺激类型为双刺激时,它用来调节双脉冲中第二个脉冲的幅度。

9. 串长

该参数用来调节串刺激的脉冲个数,脉冲个数的单位为个,其有效范围从 0~250 个可调。每调节粗调按钮一次,其值改变 10,调节微调按钮一次,其值改变 1。

第五节　BL-420F 生物机能实验系统操作步骤

生物机能实验系统的目的就是观察各种生物机体内或离体器官中探测到的生物电信号以及张力、压力、温度等生物非电信号的波形。为了能够在生物机能实验系统中观察到这些波形,我们首先应该将这些波形从生物体或其离体器官中引入到生物机能实验系统中。

1. 引导电信号及张力、压力等生物非电信号

将电信号引导电极或张力换能器、压力换能器接入相对应的通道。

2. 开始一个实验

双击 Windows 操作系统桌面上的"BL-420F 生物机能实验系统"图标,启动 BL-420F 程序。有四种方法可以启动 BL-420F 系统进行生物信号采样与显示。

方法一:从 BL-420F 软件的"输入信号"菜单中为需要采样与显示的通道设定相

应的信号种类,然后从工具条中选择"启动波形显示"命令按钮。

方法二:固定实验从"实验项目"菜单中选择自己需要的实验项目。

方法三:打开上一次实验选择工具条上的"打开上一次实验设置"命令按钮。

方法四:通过 BL-420F 软件"文件"菜单中的"打开配置"命令启动波形采样。

无论使用哪种方法启动 BL-420F 生物机能实验系统工作,软件都将根据选择的信号种类或实验项目为每个实验通道设置相应的初始参数,包括实验通道的增益、时间常数、滤波、扫描速度等。

3. 参数调节

系统初始参数的设置是在基本的生理理论基础以及大量的生理实验基础上获得的,基本上能够满足实验者完成相应实验的要求,但是由于实验生物机体本身存在的个体差异,BL-420 软件设置的初始实验参数可能并不能完全满足实验者的要求。比如,在做神经放电类实验时,软件自动将实验通道的初始增益设置为 5 000 倍。如果用于实验的神经标本放电较强,增益在 2 000 倍时即可看到很好的神经放电波形;而如果神经标本的放电很弱,那么,可能需要将实验通道的增益调节到 20 000 倍或以上时才能看到神经放电波形。

为了让实验者能够获得最佳的实验效果,在实验过程中仍然可以调节各个实验通道的实验参数,如增益(上面有一个字母 G)、时间常数(上面有一个字母 T)、滤波(上面有一个字母 F)、扫描速度等,这些控制按钮都在 BL-420F 软件主界面右边的参数控制区中。

4. 如何使用系统的内置刺激器

在某些实验中,需要电刺激,须启用系统的内置刺激器。刺激器调节区位于 BL-420F 软件主界面左上角,在工具条的下方,其内部包含两个与刺激器调节相关的按钮,分别是"打开刺激器调节对话框"按钮和"启动刺激器"按钮。"打开刺激器调节对话框"按钮用于打开或关闭刺激器调节对话框。当刺激器调节对话框处于关闭状态时,单击该按钮,可以打开对话框;反之,则关闭已经打开的对话框。选择的刺激方式为连续刺激,那么单击该按钮,BL-420F 生物机能实验系统将不停地连续发出刺激,直到再一次按下这个按钮才会停止连续刺激。"启动刺激器"按钮用于启动或停止刺激,如果选择的刺激方式为单刺激、双刺激或串刺激,那么每单击该按钮一次,BL-420F 生物机能实验系统将发出一次(单或双或串)刺激;如果停止刺激器按钮,那么其为按下状态。

5. 实验结果的处理

实验结束后可对结果取名保存,再由数据反演进行图形剪辑或打印。以下操作步骤可将某通道的波形剪贴到 Windows 操作系统的字处理软件 Word 中处理。

(1) 启动 Word 字处理软件。

(2) 启动 BL-420F 软件,并选择存储的实验数据进行反演。

(3) 在反演波形中找到需要的波形。

(4) 将需要剪辑实验波形的通道设置为当前通道。
(5) 在"基本命令"菜单中选择"复制"命令菜单项。
(6) 用鼠标将需要的曲线拖黑以选择被复制区域。
(7) 切换到 Word 字处理软件。
(8) 将鼠标移动到需要粘贴的位置并单击左键,以选择粘贴的位置。
(9) 从 Word 字处理软件的"编辑"菜单中选择"粘贴"命令即可将刚才复制的图形粘贴到 Word 中指定的位置。

第六节　BL-420N 生物信号采集与分析系统简介

一、快速入门指南

1. 硬件设备正确连接指示

在开始实验之前,我们要确认 BL-420N 系统硬件是否与计算机连接正确,是否可以与 BL-420N 软件进行正常通信,这是开始实验的前提条件。

首先打开 BL-420N 系统硬件设备电源开关,然后启动 BL-420N 系统软件。如果 BL-420N 硬件和软件之间通信正确,则 BL-420N 系统顶部功能区上的启动按钮变得可用,参见图 5-9。

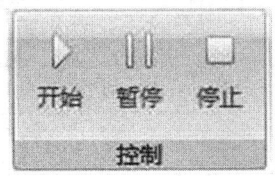　　　　　

(a) "开始"按钮为灰色(硬件设备未连接)　　(b) "开始"按钮可用(硬件设备连接成功)

图 5-9　功能区上开始按钮的状态变化

2. 主界面介绍

BL-420N 系统主界面中包含四个主要的视图区,分别为功能区、实验数据列表视图区、波形显示视图区以及设备信息显示视图区,参见图 5-10。

视图区是指一块独立功能规划的显示区域,这些区域可以装入不同的视图。在 BL-420N 系统中,除了波形显示视图不能隐藏之外,其余视图均可显示或隐藏。其余视图中除顶部的功能区之外,其余视图还可以任意移动位置。在设备信息显示视图中通常还会有其他被覆盖的视图,包括通道参数调节视图、刺激参数调节视图、快捷启动视图以及测量结果显示视图等。

打开软件,请对应图 5-10 找到各个视图,耐心认识软件主界面将有助于使用软件，主界面上主要功能区划分说明如表5-3所示。

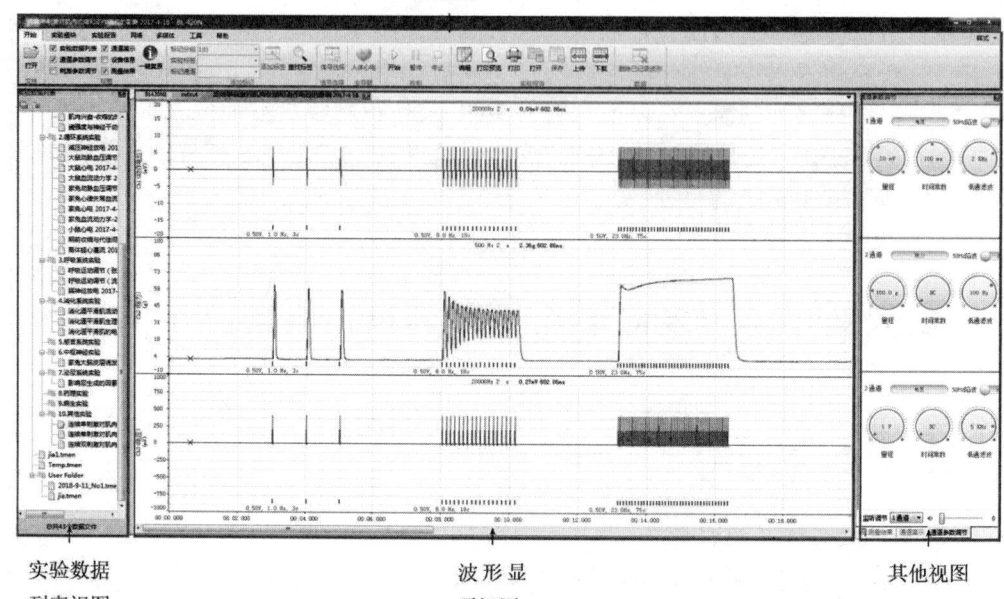

图 5-10 BL-420N 程序主界面

表 5-3 主界面上主要功能区划分说明

序号	视图名称	功能说明
1	波形显示视图	显示采集到或分析后的通道数据波形
2	功能区	主要功能按钮的存放区域，是各种功能的起始点
3	实验数据列表视图	默认位置的数据文件列表，双击文件名直接打开该文件
4	设备信息视图	显示连接设备信息、环境信息、通道信息等基础信息
5	通道参数调节视图	刺激参数调节和刺激发出控制区
6	刺激参数调节视图	刺激参数调节和刺激发出控制区
7	快捷启动视图	快速启动和停止实验
8	测量结果视图	显示所有专用和通用的测量数据

注意：

进入 BL-420N 系统软件后，看到的软件主界面可能会和图 5-10 所显示的主界面有所不同，这是由于 BL-420N 软件的很多视图都可以隐藏和移动，而且视图之间还可能会相互覆盖，造成主界面有所变化。

如果进入 BL-420N 软件后显示的主界面与图 5-10 不一致，请不要担心，接下来我们就简单介绍主界面元素的操作和使用。

3. 主界面各个视图的显示和隐藏

BL-420N 系统软件中多个视图的位置和显示状态都可以改变,这是为了适应不同用户的使用习惯,但这种变化有时候会造成我们无法理解系统的主界面。但是万变不离其宗,只要掌握了其变化的规律,就可以轻松应对这种变化,而且还可以更方便地完成实验。

(1) 功能区的最小化和恢复。

功能区位于软件主界面的最上方,功能区可以被最小化。在功能区的分类标题位置单击鼠标右键,会弹出功能区相关快捷菜单,选择"最小化功能区"命令,则功能区分类标题下面的功能按钮被隐藏。如果要恢复被隐藏的功能区按钮,则需要再次在功能区分类标题上单击鼠标右键弹出快捷菜单,然后选择打钩的"最小化功能区"命令,则可恢复最小化的功能区,参见图 5-11。

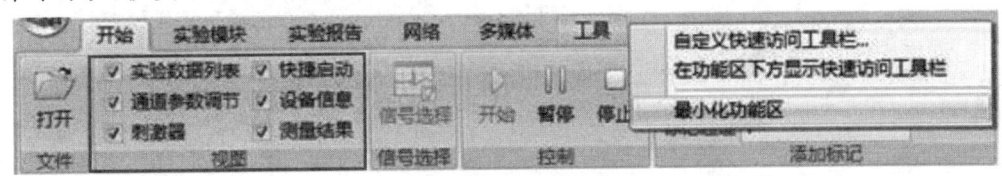

(a)正常的功能区

(b)最小化的功能区

图 5-11 BL-420N 软件顶部功能区的最小化和恢复

(2) 视图的隐藏和显示。

BL-420N 系统软件中包含有多个视图,除主视图之外,其余视图都可以被隐藏或显示。这些视图的隐藏显示状态显示在"功能区"→"开始"分类栏下面的"视图"选项中,参见图 5-11(a)。当"视图"选项中的某一个视图前面的方框中有一个小钩时,表示该视图被显示,如实验数据列表视图。

由于视图在某一个区域中会相互覆盖,因此即使该视图处于显示状态,也可能被其他视图所覆盖而无法显示。如果要显示这些被覆盖的视图,最简单的方法就是在视图区的下方单击该视图的名称。

4. 主界面各个视图的移动

在 BL-420N 系统中,除波形显示区和功能区之外,其余视图都可以按需移动位置或改变大小。每个视图都具有两种状态:一种是紧挨软件主界面边缘的停靠状态,这是视图的默认状态;另一种是以独立窗口形式存在的浮动状态。参见图 5-12、图 5-13。

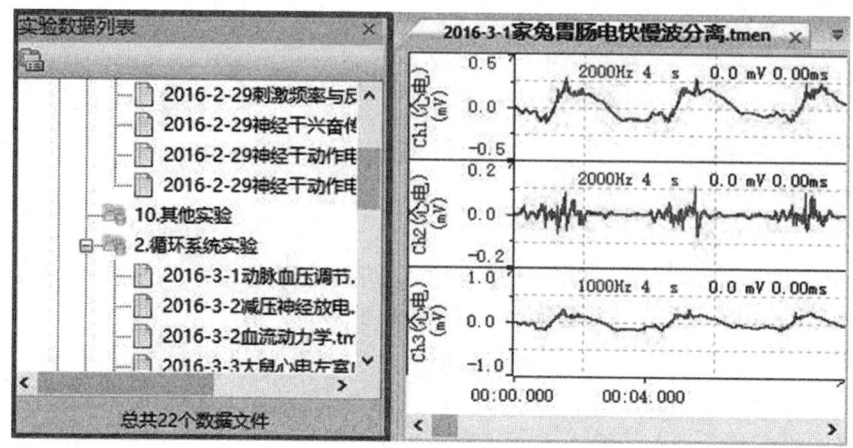

图 5-12　BL-420N 实验数据列表视图的停靠状态(和主视图紧挨排列)

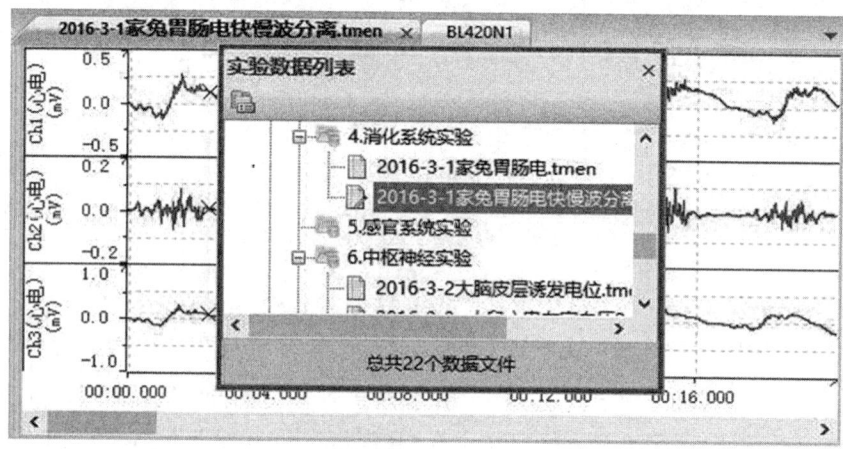

图 5-13　BL-420N 实验数据列表视图的浮动状态(浮动在主窗口的上面)

(1) 停靠状态和浮动状态的切换。

在视图标题栏上双击鼠标左键就可以在停靠状态和浮动状态之间切换。

(2) 停靠状态和浮动状态的移动。

在视图标题栏上按下鼠标左键不放,然后移动鼠标,就可以按需移动视图位置。

当在视图标题栏上按下鼠标左键不放时,在主界面上会出现停靠位置指示透明按钮,参见图 5-14。视图可以停靠在主视图的上下左右,为了精确停靠视图,需要将鼠标移动到这些停靠按钮上,然后选择视图就会出现在主视图的相应位置,当确认好位置之后松开鼠标左键就会将选择视图停靠在指定位置了;如果不将鼠标移动到停靠按钮上,而是直接在任意位置松开鼠标左键,则窗口浮动在鼠标指示位置。

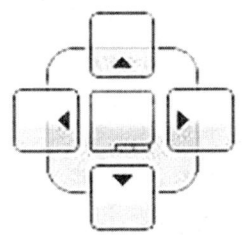

图 5-14　选择视图停靠位置指示透明按钮

BL-420N 软件系统会自动记录用户最近一次移动视图的位置,这样在下次打开软件的时候所有视图仍然保持原来的位置和大小。

5. 开始实验

从实验模块启动实验:选择功能区"实验模块"栏目,然后根据需要选择不同的实验模块开始实验,比如,选择"循环"→"期前收缩-代偿间歇"(图 5-15),将自动启动该实验模块。

从实验模块启动实验时,系统会自动根据用户选择的实验项目配置各种实验参数,包括采样通道数、采样率、增益、滤波、刺激等参数,方便快速进入实验状态。

实验模块通常根据教学内容配置,因此通常适用于学生实验。

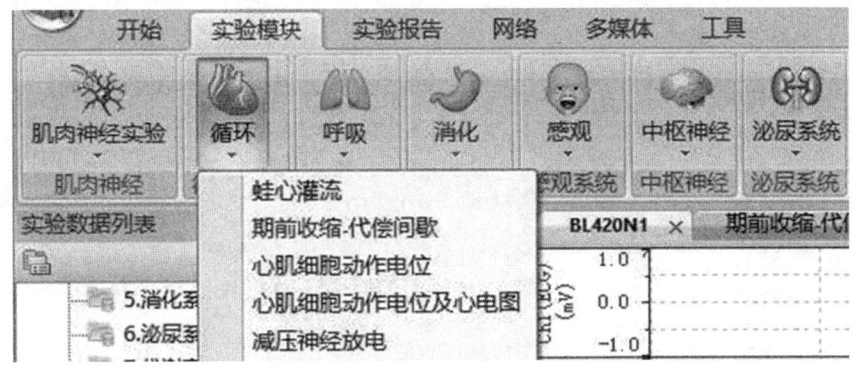

图 5-15　功能区中的实验模块启动下拉按钮

6. 暂停和停止实验

在"启动视图"中点击"暂停"或"停止"按钮,或者选择功能区开始栏中的"暂停"或"停止"按钮(图 5-16),就可以完成实验的暂停或停止操作。这两种操作方式完全相同,提供两种操作方式是为了方便用户的操作。

暂停是指在实验过程中停止快速移动的波形,便于仔细观察分析停留在显示屏上的一幅静止图像的数据,暂停时硬件数据采集的过程仍然在进行但数据不被保存;重新开始,采集的数据恢复显示并被保存。

停止是指停止整个实验,并将数据保存到文件中。

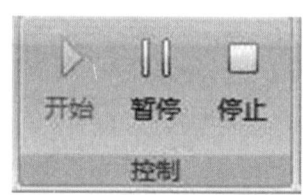

(a)启动视图中的暂停、停止按钮　　　　(b)功能区开始栏中的暂停、停止按钮

图 5-16　暂停、停止控制按钮区

7. 保存数据

当单击停止实验按钮时,系统会弹出一个询问对话框询问是否停止实验,如果确认停止实验则系统会弹出"另存为"对话框让用户确认保存数据的名字,参见图5-17。文件的默认命名为"年-月-日_No2.tmen",用户可以自己修改存储的文件名,点击"保存"即可完成保存数据操作。

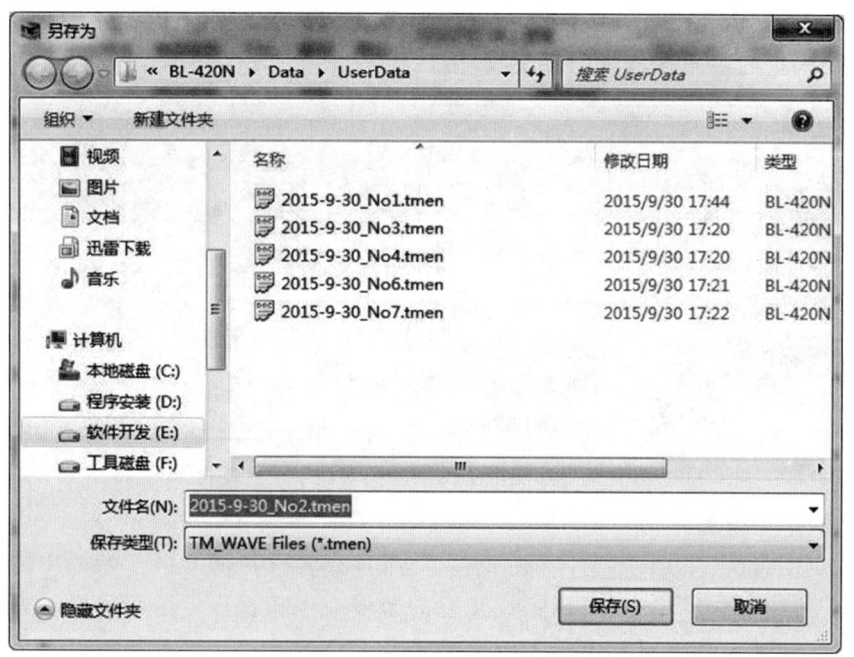

图 5-17　保存数据对话框

8. 数据反演

数据反演是指查看已保存的实验数据,有两种方法可以打开反演文件:

(1)在"实验数据列表"视图中双击要打开反演文件的名字,参见图3-4。

(2)在功能区的开始栏中选择"文件"→"打开"命令,将弹出与图5-17相似的打开文件对话框,在打开文件对话框中选择要打开的反演文件,然后单击"打开"按钮。

BL-420N 系统软件可以同时打开多个文件进行反演,最多可以同时打开 4 个反演文件,参见图 5-18。

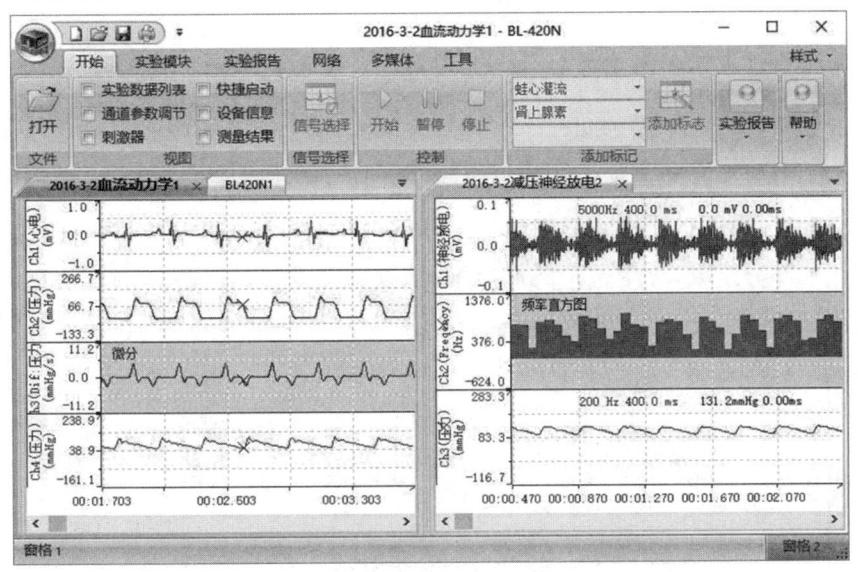

图 5-18　同时打开两个反演文件进行数据反演

9. 刺激器的使用

在生理实验中会经常使用到刺激器。

通过选择功能区开始栏中的"刺激器"选择框可以打开刺激参数调节视图,参见图 5-19。

刺激参数调节视图可以按照垂直方式排列,停靠在主显示视图右边;也可以按照水平方式排列,停靠在主显示视图下部,如图 5-19 所示。

刺激参数调节视图从上到下或从左到右依次为 4 个部分:"启动刺激"按钮、模式选择区、参数调节区、波形示意区。

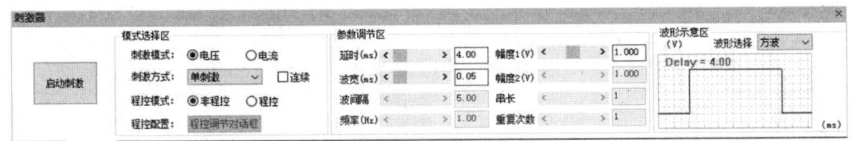

图 5-19　水平放置的刺激器参数调节视图

(1) 启动刺激。

单击"启动刺激"按钮可以按照刺激器当前设置参数启动 BL-420N 系统硬件向外输出刺激信号。

(2) 模式选择区。

刺激模式是控制刺激器工作的基本参数,包括电压、电流刺激模式的选择,程控、非程控刺激方式的选择,连续刺激和单刺激的选择等。

(3)参数调节区。

刺激参数调节区调节单个刺激的基本参数,包括延时、波宽、幅度、频率等。

(4)波形示意区。

波形示意区显示调节参数后的刺激波形形状和参数,为用户提供直观的认识。

二、波形显示视图说明

1. 波形显示视图概述

BL-420N 系统软件波形显示视图是采集到的生物信号的主要显示区域,该区域主要由 7 个部分组成,分别包括波形显示区、顶部信息区、标尺区、测量信息显示区、时间显示区、滚动条以及双视分隔条,参见图 5-20,各部分功能说明如表 5-4 所示。

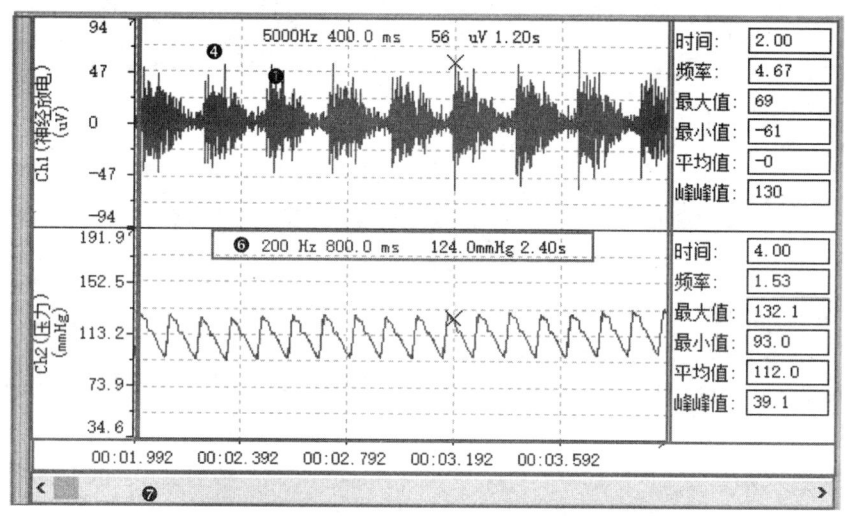

图 5-20　BL-420N 系统软件的波形显示视图

表 5-4　波形显示视图各部分功能说明

序号	区域名称	功能说明
1	波形显示区	以通道为基础同时显示 1~n 个通道的信号波形
2	顶部信息区	显示通道基本信息,包括采样率、扫描速度和测量数据等
3	标尺区	显示通道幅度标尺,幅度标尺用于对信号的幅度进行定量标识
4	测量信息显示区	显示通道区间测量的结果
5	时间显示区	显示所有通道的时间位置标尺,以 1 通道为基准
6	滚动条	拖动定位反演文件中波形的位置
7	双视分隔条	拖动双视分隔条可以实现波形的双视显示,用于波形的对比

BL-420N 系统软件波形显示视图中的顶部信息区和测量信息显示区可以通过通道快捷菜单隐藏和显示。

双视分隔条用于打开双视系统,这样,同一生物信号不同时期记录的波形可以分别在两套窗口系统中显示,便于前后对比,参见图 5-21。

打开和关闭双视系统的方式:在双视分隔条上按下鼠标左键,然后左右拖动双视分隔条即可打开或关闭双视系统,也可以调节双视系统的宽度占比。

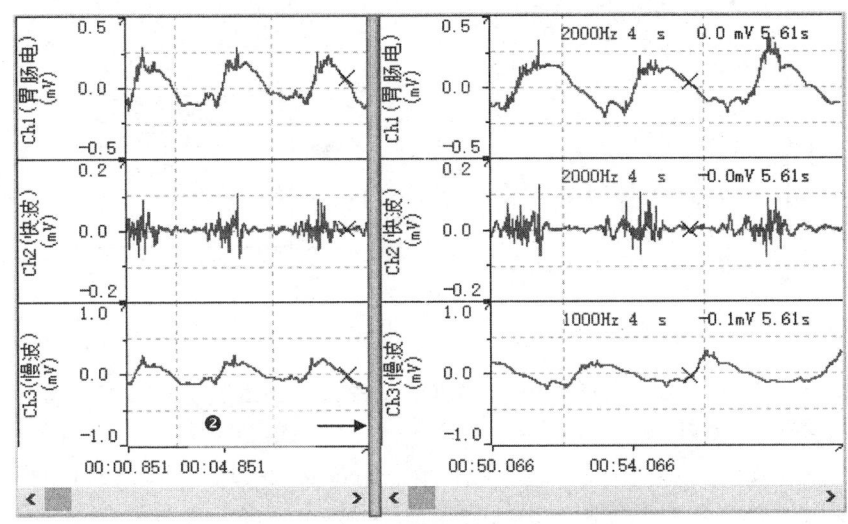

图 5-21　BL-420N 系统的双视显示方式

2. 单通道显示和多通道显示切换(图 5-22)

BL-420N 系统可以同时记录 $1\sim n$ 通道生物信号,n 的最大值为 128(含分析通道)。

通常情况下,波形显示视图根据用户选择的记录信号数自动设置相应的通道数,当多个通道同时显示时,每个通道平分整个显示区域。

在通道较多的情况下,每个通道的垂直显示方向较窄,不宜观察波形,此时,用户通过在要观察的通道上双击鼠标左键的方式在单通道显示方式和多通道显示方式之间切换(图 5-22)。

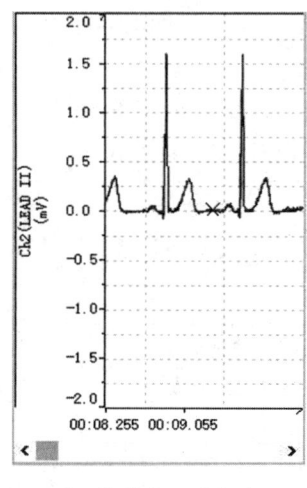 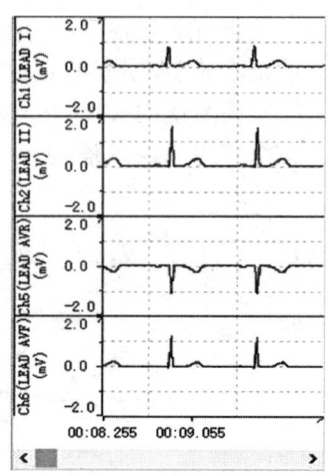

(a)单通道显示方式　　　　　(b)多通道显示方式

图 5-22　BL-420N 系统的单通道显示方式和多通道显示方式切换

3. 复制通道波形

用户使用 BL-420N 系统完成实验后,要编写论文或实验报告,此时,用户需要将记录的有效生理信号波形复制下来粘贴到自己的论文或实验报告中。

利用 BL-420N 系统可以非常方便地复制用户选择的信号波形。选择信号(图 5-23(a))的步骤如下:

(1) 在选择区域的左上角按下鼠标左键;

(2) 在按住鼠标左键不放的情况下向右下方移动鼠标以确定选择区域的右下角;

(3) 在选定右下角之后松开鼠标左键完成信号波形的选择;

(4) 选取多段波形结果时,每选定一段后点击右键菜单中"数据剪辑"选项,即可将整个实验波形结果全部复制。

波形选择完成后,被选择波形以及该选择波形的时间轴和幅度标尺就以图形的方式被复制到了计算机内存中。此后,你可以在 Word 文档中或编辑实验报告中粘贴选择的波形(图 5-23(b))。

第二篇　实验器材与药品

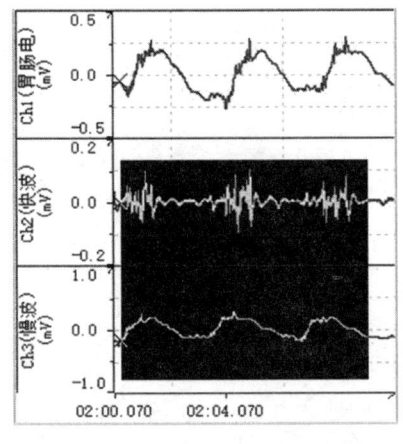 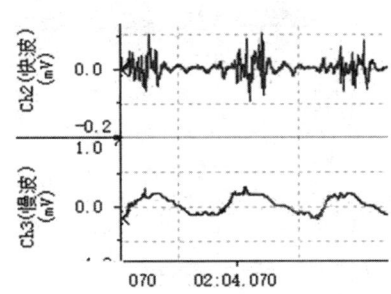

（a）以反显方式显示的信号选择区域　　（b）选择区域粘贴到 Word 软件中的图样

图 5-23　BL-420N 系统复制通道波形的方法

4．波形的上下移动

为了便于观察，用户可以在通道中上下移动波形（图 5-24）。

上下移动波形的步骤：

（1）在通道标尺区按下鼠标左键；

（2）在按住鼠标左键不放的情况下上下移动鼠标，此时，波形会跟随鼠标的上下移动而移动；

（3）确认好波形移动的位置后松开鼠标左键完成波形移动。

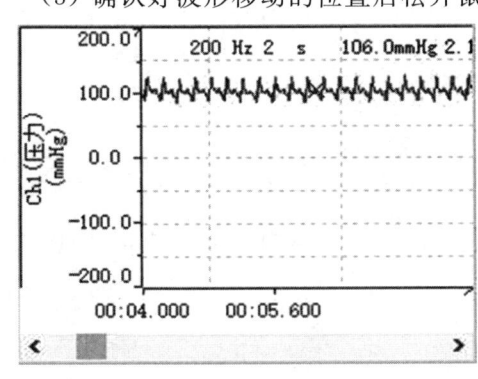 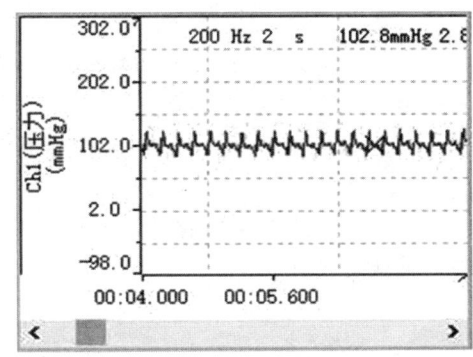

（a）在通道标尺区选择区域　　（b）选择区域粘贴到 Word 软件中的图样

图 5-24　BL-420N 系统移动通道波形的方法

5．波形的放大和缩小

为了便于观察，用户可以放大或缩小通道中的波形（图 5-25）。

放大或缩小波形的步骤：

（1）将鼠标移动到通道标尺区中；

（2）向上滑动鼠标滚轮放大波形，向下滑动鼠标滚轮缩小波形；

(3)在标尺窗口中双击鼠标左键,波形会恢复到默认标尺大小。

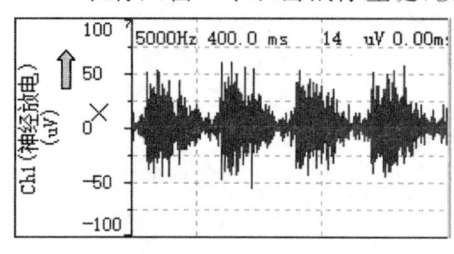 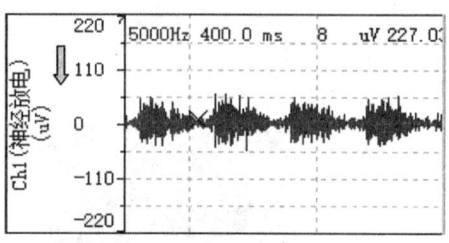

(a)放大的波形　　　　　　　　　(b)缩小的波形

图 5-25　BL-420N 系统单通道波形的放大和缩小

6．波形的压缩和扩展

为了便于观察,用户可以压缩和扩展通道中的波形(图 5-26)。

压缩和扩展波形的步骤:

(1)将鼠标移动到波形显示通道中;

(2)向上滑动鼠标滚轮扩展波形,向下滑动鼠标滚轮压缩波形。

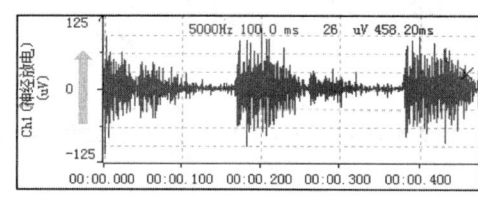 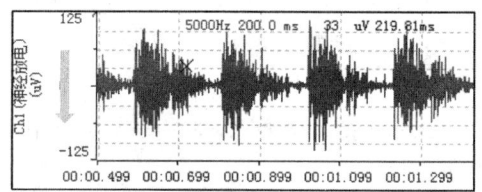

(a)扩展的波形　　　　　　　　　(b)压缩的波形

图 5-26　BL-420N 系统单通道波形的压缩和扩展

注意:

(1)如果在波形通道中向上或向下滑动鼠标滚轮,则只影响该通道的压缩或扩展;

(2)如果在所有通道底部的时间显示区中向上或向下滑动鼠标滚轮,则影响所有通道的压缩或扩展。

第三篇　　实验动物与基本操作

　　实验动物是经人工繁育，对其携带的微生物进行控制，遗传学背景明确或来源清楚，专用于科学研究、教学、生物制品或药品鉴定以及其他科学实验的动物。实验动物具有生物学特性明确、遗传背景清楚、对刺激敏感和反应性一致等特点。利用实验动物进行医学生物学研究，能保证动物实验的准确性、敏感性和可重复性，且仅用少量动物就能获得精确、可靠的动物实验结果。

　　实验动物可以代替人类作为研究机体正常生命现象的对象。生理学是研究生命活动规律的科学，在生理学实验中需要以活的机体、器官或组织细胞作为实验观察对象，但实验又常会对机体造成不同程度的损害，甚至会危及生命，在人体不便实施。按照生物进化论的观点，人同各种动物有许多基本相似的构造和功能，在动物身上获得的生理知识可以推用到人体，来探讨人体的某些生理功能。因此，实验动物可作为人类的替代者。

第六章　　常用实验动物

第一节　　常用实验动物的种类、特点及选择

　　实验动物的种类很多，在生理学的研究中，特别是基础理论研究中，合理正确地选择合适的实验动物，常常是保证实验成功的关键，但并非越是高等动物越好。

一、实验动物选择的基本原则

常用的实验动物有兔、小白鼠、蟾蜍等。无论选用哪种动物,均须健康。一般地说,健康的哺乳动物毛色有光泽、两眼明亮、眼和鼻无分泌物、鼻端潮而凉、反应灵活、食欲良好。健康的蛙或蟾蜍则皮肤湿润,喜欢活动,静止时后肢蹲坐、前肢支撑、头部和躯干挺起等。

(1) 选择与人类具有某些相似性的实验动物;

(2) 选用解剖、生理特点符合实验目的要求的实验动物;

(3) 选用标准化实验动物,即指在微生物学、遗传学、环境和营养等方面均符合控制标准的实验动物,教学示范一般选用一级(普通)动物;

(4) 选用与实验要求相适应的实验动物规格(指年龄、体重和性别的选择)。

另外,选择实验动物还要符合经济节约、容易获得的原则。

生理学实验中常用的动物有蛙(蟾蜍)、家兔、小白鼠、大白鼠、豚鼠、鸽子、猫和狗等。

二、几种常用实验动物的特点及用途

1. 青蛙和蟾蜍

二者均属两栖纲,无尾目类动物。其心脏在离体情况下可保持较长时间的节律性跳动,多用于研究心脏的生理、药物对心脏的作用等。青蛙的体型小,神经肌肉标本易于制备,其腓肠肌和坐骨神经是研究外周神经、运动终板等生理功能的理想材料,且价格低廉,易于获得。

2. 家兔

家兔属于哺乳纲,啮齿目,兔科,性情温顺、安静,是生理学实验教学中较多采用的实验动物。家兔颈部有减压神经独立分支,纵隔由两层纵隔膜组成,将胸腔分为左右两部分,互不相通,适用于急性心血管实验及呼吸实验;家兔的肠管长、壁薄,对儿茶酚胺类反应灵敏,可进行小肠平滑肌的生理学特性的观察;也可用于卵巢、胰岛等内分泌实验。

3. 小白鼠

小白鼠属于哺乳纲,啮齿目,鼠科,便于人工繁殖,价格低廉,适用于动物需要量较大的实验。

4. 大白鼠

大白鼠属于哺乳纲,啮齿目,鼠科,其垂体、肾上腺系统发达,应激反应灵敏,适用于内分泌研究;也可用大白鼠进行胆管插管收集胆汁,或从胸导管采集淋巴液等;还可用大白鼠进行高级神经活动实验。

5. 豚鼠(荷兰猪)

豚鼠属于哺乳纲,啮齿目,豚鼠科,性情温顺,胆小易惊,很少咬伤实验操作人员。

豚鼠耳壳大，药物易进入中耳和内耳，常用于内耳迷路等实验研究；或用于离体心脏、子宫及肠管的实验。

6. 鸽子

鸽子属于鸟纲，鸽形目，鸠鸽科。其小脑、三个半规管以及听觉和视觉部很发达，对姿势的平衡反应敏感，常用来观察迷路与姿势的关系；也可用于观察大脑半球的一般功能。

7. 猫

猫属于哺乳纲，食肉目，猫科。其循环系统发达，血压稳定，血管壁坚韧，适用于循环功能的急性实验；大脑和小脑发达，头盖骨和脑的形态固定，常用来做去大脑僵直、姿势反射等神经生理学实验。

8. 狗

狗属于哺乳纲，食肉目，犬科。狗的嗅觉、听觉特别灵敏，其嗅觉能力是人的1 200倍，听觉比人灵敏16倍，同时具有发达的血液循环和神经系统，是目前教学和基础医学研究中最常用的动物之一，尤其是在血液循环、消化和神经活动的实验研究中，狗的应用更具有重要意义。

第二节　实验动物的编号及性别鉴别

一、实验动物的编号方法

1. 染色法

染色法是用化学药品在动物明显部位被毛上进行涂染，并用不同颜色来区别各组动物，是实验室最常用且容易掌握的方法。给大白鼠、小白鼠、豚鼠背部标记，可用黄色苦味酸染料；给家兔、猫等动物标记，最常用硝酸银溶液。

2. 挂牌法

给狗、猫等大动物挂牌编号，将铝制号码牌固定在耳、腿、颈部等处。

3. 被毛剪号

用剪刀在动物背部剪毛、标记。

4. 笼子编号

把笼号作为个体号，代替动物编号。

二、实验动物的性别鉴别

1. 青蛙和蟾蜍

用拇指及食指捏住躯干两侧提起动物时，雄性通常会发出叫声，雌性不会叫；在雄性蛙的前肢拇指和食指蹼上有棕色或黑色小突起,即婚垫,雌性蛙则无;将动物提起时,前肢做怀抱状的是雄性,呈伸直状的为雌性。

2. 家兔

用拇指和食指按压生殖器部位,雄兔可见一圆孔中露出稍向下弯曲的阴茎(幼年雄兔只见有突起物,即是阴茎)。雌兔则是一条朝向尾部的长缝,呈椭圆形的间隙,即阴道开口,此间隙越向下越窄;雌性有乳头。

3. 大白鼠和小白鼠

根据动物肛门与生殖器之间的距离来区分性别,距离远的为雄性,近的为雌性。雌鼠可见性器官部位有开孔(阴道口),腹部有明显的乳头;雄性可见阴囊内睾丸下垂,天热时尤为明显。

4. 豚鼠

用一手抓住动物颈部,另一手扒开靠近生殖器的皮肤,雄性动物在圆孔处露出性器官的突起,而雌性动物则为三角形间隙。另外,成年雌性有两个乳头。

第三节 实验动物的捉持和固定方法

急性在体实验的手术过程中,必须将麻醉动物稳定地加以固定,以限制动物的活动,保证实验或手术的顺利进行。一般使用各种动物的头夹和固定绑带将动物固定于手术台上,但随手术部位和实验内容的差别,动物的固定方法也不相同。生理学实验中最常使用的动物固定方法有两种:背位(仰卧位)固定法和腹位(俯卧位)固定法,其中关键性的固定部位是头部和四肢。

一、青蛙和蟾蜍

左手握蟾蜍或青蛙,使其俯卧于手掌中,以食指与中指夹住其两前肢,无名指与小指夹住两后肢,拇指按压头部前端;青蛙和蟾蜍的固定法也分背部和腹部两种。规范的固定方法是使用蛙腿针和蛙板,方法较简单;也可用大头针将四肢直接固定在木板上。蛙类头部活动不大,一般不做特殊固定。由于双毁髓蛙类周身瘫软,故无须固定。

二、家兔

右手抓住家兔颈部皮肤,将其轻轻提起,用左手托住其臀部,使家兔的身体重量承托于手中,然后按实验要求加以固定。因家兔的耳朵非常敏感,故不要抓兔耳提取家兔,也不要抓取家兔的四肢,家兔脚爪锐利,挣扎时可能会抓伤实验者。

1. 头部的固定

做各种手术时,可将家兔麻醉后用粗棉绳拴紧其上门齿,然后绑在实验台铁柱上,该法适于仰卧位固定头部。实验取俯卧位固定动物时,可选用兔头夹固定。

2. 四肢的固定

家兔取仰卧位固定时,先将粗棉绳或布带如图 6-1 所示打活结,将活结端缚扎于踝关节上部,前肢平直置于躯干两侧,将绑扎两前肢的带子从家兔背后交叉穿过,压住对侧前肢,分别缚于手术台两侧木钩上,两后肢左右分开,绑扎带另一端分别缚于手术台两侧木钩上(图 6-2)。俯卧位固定(适用进行脑、脊髓的实验)时,前肢缚绳无须左右交叉,分别将四肢缚绳直接固定于实验台两侧固定钩上即可。

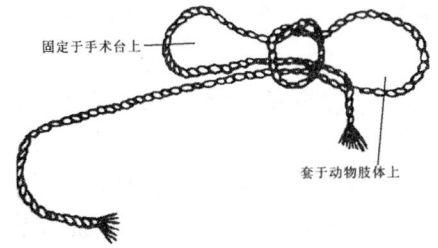

图 6-1 固定动物四肢的活结

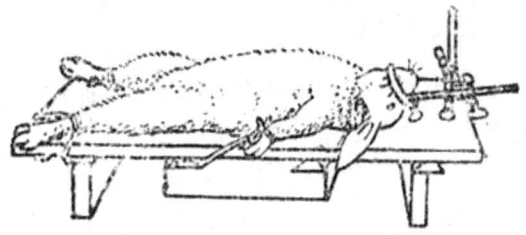

图 6-2 家兔台式固定法

三、小白鼠

先用右手抓住鼠尾部将鼠提起,放在粗糙的台面或鼠笼盖上,向后轻拉鼠尾,在其向前爬行时,用左手拇指和食指沿其背部向前迅速捏住小鼠的两耳和颈后部皮肤(图 6-3(a)),使其不能转头;然后将鼠体置于左掌心中,翻转左手,右手拉住小鼠尾部,将后肢拉直,并以左手无名指和小指压紧尾部和后肢,使小鼠呈一条直线(图 6-3(b))。熟练者也可采用左手一手抓取法。

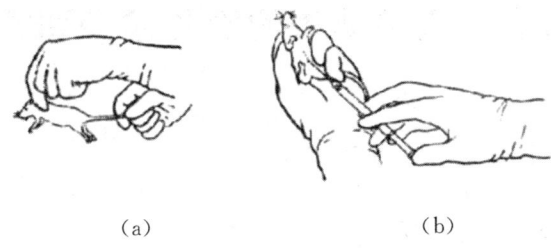

(a)　　　　　(b)

图 6-3 小鼠的抓取固定方法

抓取时须注意,用力过轻小鼠头部能够反转咬伤实验者的手,过分用力则会使小鼠窒息或颈椎脱臼。

进行手术时,可使用固定板固定。将麻醉后的小鼠仰卧或俯卧于固定板上,用棉线绳缚住小鼠四肢,线绳另一端系于固定板左右两侧的钉子上;在上颚切齿上栓一线绳系在前方边缘的钉子上,以达到完全固定。

四、大白鼠

大白鼠的固定方法基本与小白鼠相同，但最好带防护手套进行。大白鼠个头较大时，应靠近其尾巴基部抓持，用左手从背部中央到胸部捏住(图6-4)。另一种方法是，以右手抓住鼠尾，左手带防护手套或用厚布盖住鼠身作防护，握住其整个身体，并固定其头部防止被咬伤，但不要用力过大，勿握其颈部，以免其窒息死亡。

图6-4 大白鼠抓取方法

手术时的固定同小白鼠，或用特制的固定架固定。

五、豚鼠

先用右手掌轻轻扣住豚鼠背部，抓住其肩胛下方，以拇指和食指抓住颈部将其轻轻提起。体重较大或怀孕的豚鼠，可用左手托其臀部(图6-5)。

固定方法基本同大、小白鼠，用木制固定板和线绳固定。豚鼠生性胆小，当其受惊时，会在笼子内急转，易造成自伤，故抓取时要稳、准、快，不能太粗野，不能抓其腰腹部，防止造成其肝破裂而死亡。

图6-5 豚鼠的抓取固定方法

第四节 实验动物的给药途径和方法

一、静脉注射法

1. 静脉注射法分类

因实验所用动物的不同，静脉注射血管部位也不同，一般静脉注射可包括以下几种。

(1) 耳缘静脉注射法(图6-6)。耳缘静脉注射主要用于家兔、豚鼠等。注射方法：固定兔耳，找到耳的外侧缘皮下静脉，拔去注射部位的毛(或用水或用酒精棉球涂擦耳缘静脉部位皮肤)，并用手指轻轻弹动该处(或先用一动脉夹在静脉近心端夹闭静脉)，使静脉充盈；用左手食指和中指夹住耳缘静脉近心端，使其充血(亦可用动脉夹夹住),并用左手拇指和无名指固定兔耳;用右手持注射器将针头顺血管方向刺入静脉(针头与血管呈近20°夹角),刺入后再将左手食指和中指移至针头处,协同拇指将针头固定于静脉内,便可缓慢推入药液(耳缘静脉变白、皮肤不肿胀不出现发白皮丘、推药无阻力)。首次注射应从静脉的远心端开始,以便进行反复注射。

耳缘静脉注射法　　　　　前肢皮下头静脉注射法

图6-6　几种动物的静脉注射法

(2) 前肢皮下头静脉或后肢小隐静脉注射法(图6-6),主要用于狗、豚鼠等。前肢皮下头静脉位于前肢内侧的皮下,后肢小隐静脉位于后肢的外踝部。注射方法:先剪去注射部位的毛,用碘酒和酒精消毒皮肤,在静脉的近心端处用橡皮带扎紧,使血管充盈;将针头刺入血管旁的皮肤,再与血管平行刺入血管;回血后,松开橡皮带,缓慢注入药液。

(3) 尾静脉注射法(图6-7),主要用于大、小白鼠等。注射方法:把动物固定在特制的固定器中,露出尾部,剪去左右两侧尾静脉部位的毛;将鼠尾浸于45℃左右的温水中加温或用75%酒精棉球反复涂擦尾部,以使静脉血管充分扩张、表皮角质软化;左手拉直鼠尾,在鼠尾左或右侧选择扩张明显的

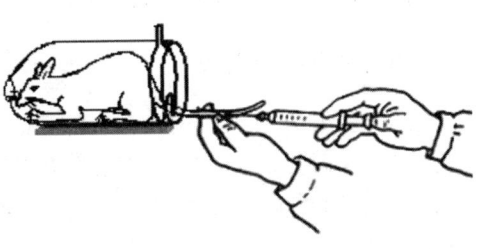

图6-7　尾静脉注射法

静脉血管并使其向上;右手持注射器,在血管靠近尾端1/4处使针头与血管成30°夹角,轻轻刺入;再将针头稍抬起,在尾静脉血管内平行进针,回一下血后,用左手拇指、食指和中指固定针头与鼠尾,右手以适当速度推注药液。一般采用4号针头进行注射。

2. 静脉注射注意事项

(1) 静脉注射开始前,应先仔细核对药物名称,准确吸取药量。排尽注射器内的空气,避免其进入静脉内形成气栓。

(2) 静脉注射要尽量从相应部位的远端血管处开始,假如注射失败,应拔出针头从靠近原注射点的近端部位再次进针,直至注射成功。如进针后回抽针栓不见回血,或推注时阻力较大且局部肿胀发白出现皮丘,则说明针头未刺入静脉血管。

(3) 注射过程中应减少动物注射部位的活动,防止针头滑脱。若动物挣扎应暂缓推注,固定好针头,待动物安静后,再继续给药。

(4) 静脉注射给药的速度要缓慢均匀,以免扰乱循环和呼吸系统的生理功能。

(5) 注射完毕,用一棉球按住针眼,拔出针头,继续压迫片刻,以防针眼处出血。

二、腹腔注射法

腹腔注射多用于小白鼠、大白鼠和豚鼠等。注射方法:用大、小白鼠做实验时,左手固定动物,使其腹部向上,右手持注射器将针头从下腹部腹白线偏左侧插入皮下,使针头向头部方向推进几个毫米,再以45°角穿过腹肌刺入腹腔内,固定针头,回抽针栓,如无肠内容物、尿液或血液,便可缓慢推注药液。可用5号半注射针头。

注射时应使动物取头低位,使内脏尽量移向上腹部,以避免伤及内脏。较大动物如家兔或狗等,腹腔注射的进针部位为下腹部的腹白线旁开1~2 cm处。

三、皮下注射

皮下注射最常用于小白鼠,注射部位多在颈背部。注射方法:以左手拇指和食指提起颈背部皮肤,右手持注射器,注射针头与头部皮肤平行,从头部方向进针,插入皮下,然后缓缓注入药液。一般选用5号半注射针头。

狗、猫皮下注射部位多在大腿外侧,豚鼠在后肢大腿的内侧或小腹部,大白鼠在左下腹部,兔在背部或耳根部。

四、肌内注射法

肌内注射应选择肌肉发达、毛细血管丰富、无大血管通过的部位,一般多选臀部或股部。注射方法:先剪去注射部位皮肤的被毛,右手持注射器,将针头垂直迅速刺入肌肉,回抽针栓,如无回血即可推注药液。注射完毕,用手轻轻按摩注射部位,以促进药液吸收。

五、淋巴囊注射法

淋巴囊注射主要用于蛙类。蛙类皮下有数个淋巴囊,注入药物极易吸收。注射部位一般多选用腹部和胸部淋巴囊。

1. 腹部淋巴囊注射

左手固定蛙,使其腹部朝上,从大腿上端刺入,穿过大腿肌肉和腹壁肌层,浅出腹壁皮下,进入腹部淋巴囊,然后注入药液。

2. 胸部淋巴囊给药

先将针头刺入口腔,使之穿过下颌肌层进入皮下,再进入胸部淋巴囊内,注入药液。一次最大注射量为1 mL/只。经肌肉或黏膜刺入淋巴囊的目的是防止药液的外溢。

第五节 实验动物的麻醉

在实验中,为防止动物挣扎,保证实验的顺利进行,在施行手术前,需用麻醉剂将动物麻醉。麻醉方式和麻醉剂的选用,应视具体的实验要求、动物种类而定。

一、麻醉方法

1. 局部麻醉法

局部麻醉包括表面麻醉、浸润麻醉和阻断麻醉等,其中浸润麻醉最为常用。浸润麻醉方法:根据实验操作要求的深度,将 1%~2% 的盐酸普鲁卡因按皮下、筋膜、肌肉、腹膜或骨膜的顺序依次分别注入,阻断手术部位的神经冲动传导,使疼痛消失。该法适用于中型以上的动物。

2. 全身麻醉法

(1) 吸入麻醉法。先将蘸有乙醚的棉球放入玻璃罩内,然后投入待麻醉动物,经过 1~2 min 左右,动物逐渐失去运动能力。使用该法麻醉时间不可太长,麻醉时要密切观察,防止动物缺氧、窒息或麻醉过深而死亡。该法适用于大、小白鼠的短时间麻醉,较大的动物也可用,但需要使用麻醉口罩等。

(2) 注射麻醉法。经腹腔或静脉注射麻醉,操作简便,较常采用。腹腔给药麻醉法多用于小白鼠、大白鼠和豚鼠等动物。静脉给药麻醉法则多用于兔、狗等较大的动物。各种动物的静脉注射部位及方法见本章第四节内容。

二、麻醉效果的观察

1. 肌张力

动物肌张力亢进一般说明麻醉过浅,全身肌肉松弛说明麻醉合适。

2. 呼吸

动物呼吸加快或不规则,说明麻醉过浅,可再追加一些麻醉药,但是补充用量不宜超过总量的 1/5;若呼吸由不规则转变为规则且平稳,说明已达到麻醉深度;若动物呼吸变慢,且以腹式呼吸为主,说明麻醉过深,动物有生命危险。

3. 反射活动

主要观察角膜反射或睫毛反射,若动物的角膜反射灵敏,说明麻醉过浅;若角膜反射迟钝,说明麻醉程度合适;角膜反射消失,伴瞳孔散大,说明麻醉过深。

4. 皮肤夹痛反应

麻醉过程中可随时用止血钳或有齿镊夹捏动物皮肤。若反应灵敏,说明麻醉过浅;若反应消失,说明麻醉程度合适。

三、动物麻醉的注意事项

(1) 准确计算麻醉剂量。所有麻醉药使用过量均可引起中毒,故应特别注意麻醉药的使用剂量及用药途径。在严格按照体重计算麻醉剂量的同时,还要考虑动物对药物耐受性的个体差异。

(2) 缓慢注射并随时观察动物情况,注射过程中注意观察肌肉紧张性、呼吸频率、角膜反射和夹痛反应等指标。当这些反应明显减弱或消失时,应立即停止注射。

(3) 注意保温。动物在麻醉期体温下降,要采取保温措施。为随时观察体温的变化,可在动物的肛门插入体温计。在寒冷的冬季做慢性实验时,在注射前应将麻醉剂加热至动物体温水平。

(4) 如果麻醉过量,应积极抢救。可根据不同情况施行人工呼吸,注射呼吸兴奋剂或强心剂等抢救措施。

第七章 基本操作技术

第一节 急性动物实验的基本操作技术

一、备皮

在哺乳类动物手术前应先进行手术部位的皮肤准备,包括去除手术部位及其周围被毛,清除皮肤污垢,消毒皮肤。

1. 去除被毛

(1) 剪毛法,急性动物实验中最常用。方法:固定动物后,绷紧动物皮肤,用粗剪刀贴紧皮肤,依次剪去所需部位的被毛。剪毛时需注意:① 把剪刀贴紧皮肤,切勿用手提起被毛,以免剪破皮肤;② 剪下的毛集中放在一个容器内,防止被毛到处乱飞;③ 剪完后用一湿布擦净遗落在手术野和手术台周围的被毛,以保证手术野的清洁。

(2) 拔毛法。拔毛法在兔耳缘静脉或大、小白鼠尾静脉注射或取血时较为常用。方法:将动物固定后,用拇指、食指将所需部位的被毛拔除。为使血管显示得更清楚,还可在拔毛处用水涂擦。

(3) 脱毛法。脱毛法指用化学药品脱去实验动物被毛,适用于大动物无菌手术、观察动物局部皮肤血液循环。方法:先将欲脱毛部位的被毛剪短,再用棉球蘸脱毛剂,在局部涂一薄层,2~3 min 后,用温水洗去脱下的被毛,然后用纱布将局部擦干,涂一层油脂即可。

2. 消毒皮肤

去除被毛后,先用 2% 来苏水洗刷手术部位及其周围皮肤,用消毒纱布擦干,以 75% 酒精脱脂,涂擦 5% 的碘酊,再用 75% 的酒精脱碘。对手术区域皮肤的消毒常用于慢性实验。

二、切口与止血

备皮后,做切口前,应注意切口的大小和解剖结构,一般以少切断神经和血管为原则,同时应尽可能使切口与各层组织的纤维方向一致。切口的大小,既要便于手术操作,又不可过大,以不过多地暴露组织器官为宜。切口时,手术者以左手拇指和食指绷紧上端皮肤,右手持手术刀(图3-6),以适当的力度一次切开皮肤及皮下组织,直至肌层(解剖结构较熟悉时也可在动物麻醉固定后,在切口沿线的中点两侧,分别用血管钳向两侧夹起皮肤,用手术剪在两血管钳之间的皮肤上剪一小口,将剪刀伸进切口,贴紧并挑起皮肤撑开剪刀以钝性分离皮下组织,然后小心剪开皮肤)。剪开肌膜,用止血钳或手指钝性分离肌纤维至所需长度。若切口与肌纤维走向不同,则应先结扎肌肉两端,再从中间横向剪断。切口应由外向内逐次减小,以便于观察和止血。手术过程中要注意避免损伤血管,并随时注意止血,以免造成手术野血肉模糊,难以分辨血管和神经,有碍手术操作和实验观察。止血的方法有:① 组织渗血,可用温热盐水纱布压迫、吸收性明胶海绵覆盖或电凝等方法;② 较大血管出血,应用止血钳夹住出血点及其周围少许组织,用线结扎止血;③ 更大血管出血,或血管虽不很大,但出血点较集中,最好用针线缝合局部组织,进行贯穿结扎,以免结线松脱;④ 骨组织出血,先擦干创面,再及时用骨蜡填充堵塞止血;⑤ 肌肉血管丰富,肌组织出血时要与肌组织一同结扎。为避免肌肉组织出血,在分离肌肉时,若肌纤维走向与切口一致,则应钝性分离;若肌纤维走向与切口不一致,则应采取两端结扎、中间切断的方法。干纱布只用于吸血和压迫止血,不可用来揩擦组织,以免损伤组织和使已形成的血凝块脱落。

实验中正确掌握手术结的打法,是完成好止血和缝合操作的关键,结扎错误可导致结扎线滑落,造成出血或实验失败,所以要结扎正确牢固。常用手术结有三种(图7-1),即方结、外科结和三重结。方结:为手术中常用,适于缝合和结扎。外科结:在生理学实验中使用较少。三重结:是在方结基础上再加一个第一道单结而成,因其牢固,故适用于结扎较大的血管和大块组织。

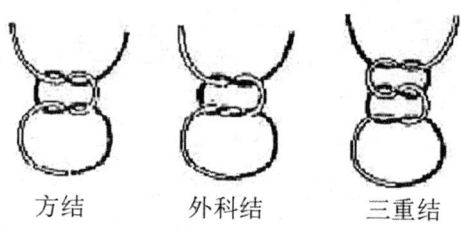

图 7-1 常用手术结

手术完成后,实验观察期间,应将创口暂时闭合,或用温热生理盐水纱布盖好,以免组织干燥。

三、肌肉、神经与血管的分离

分离肌肉时,应用止血钳在整块肌肉与其他组织之间,顺着肌纤维方向操作,将肌肉一块块地分离;绝不能在一块肌肉的肌纤维间操作,这不仅容易损伤肌纤维而引起出血,并且也很难将肌肉分离。若必须将肌肉切断,则应先用两把止血钳夹住肌肉(小块或薄片肌肉也可用两道丝线结扎),然后在两止血钳间切断肌肉。

神经和血管都是比较娇嫩的组织,因此在剥离过程中要耐心、细致、动作轻柔,切不可用带齿的镊子进行剥离,也不能用止血钳或镊子夹持,以免其结构或机能受损。在剥离粗大的神经、血管时,应先用蚊式止血钳将神经或血管周围的结缔组织稍加分离,然后用大小适宜的止血钳将其从周围的结缔组织中游离出来。游离段的长短,视需要而定。在剥离细小的神经或血管时,要先分辨清楚结构,特别注意保持局部解剖位置,不要把结构关系弄乱,同时需要用眼科镊子或玻璃分针轻轻地进行分离。剥离完毕后,在神经和血管的下方穿以浸透生理盐水的缚线(根据需要穿一根或两根不同颜色线),以备刺激时提起或结扎之用,然后盖上一块浸以生理盐水的棉絮或纱布,以防组织干燥,或在创口内滴加适量温热(37℃左右)液状石蜡,使神经浸泡其中。

颈部迷走、交感、减压神经分离术:于家兔颈部,在找到颈动脉鞘后,将颈总动脉附近的结缔组织薄膜镊住,并轻拉向外侧使薄膜张开,即可见薄膜上数条神经(如仍不能分辨神经类别,可在分离长约0.5 cm颈总动脉的基础上,轻轻提起动脉,透过灯光,则可清楚地看到随动脉被拉开的结缔组织鞘膜中的各类神经)。根据各条神经的形态、位置和走向等特点来辨认(图7-2):迷走神经最粗,

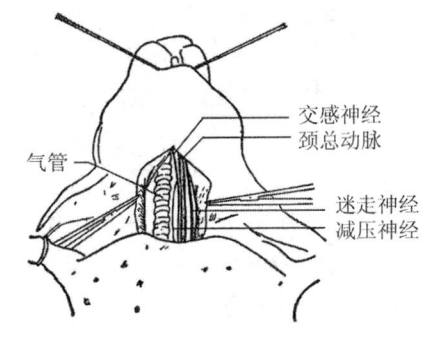

图7-2 家兔颈部神经、血管解剖位置示意图

外观最白,位于颈总动脉外侧,易于识别;交感神经比迷走神经细,位于颈总动脉的内侧,呈浅灰色;减压神经细如头发,位于迷走神经和交感神经之间(由于减压神经最细,极易拉断,需要分离时应先予分离),在家兔为一独立的神经,沿交感神经外侧行走,但在人、狗此神经并不单独行走,而是行走于迷走、交感或迷走神经中。将神经细心分离2~3 cm长即可,然后各穿细线备用。

四、插管技术

1. 气管插管术

在哺乳动物急性实验中,为了保持动物呼吸道的畅通,一般先切开气管,插入气管插管,防止分泌物堵塞气道。

(1) 固定动物。把麻醉后的动物仰卧固定在手术台上。备皮,在颈部正中喉下部作一长4~6 cm的皮肤切口(狗要再长一些)。

(2) 分离组织。用止血钳依次分开皮下结缔组织及颈前正中肌肉(注意,切勿在肌肉中分,以防出血)暴露气管,然后分离气管两侧以及气管与食管之间的结缔组织,游离出气管。分离气管时,注意止血钳勿插入过深,以免损伤食管及周围小血管。从甲状软骨向下分离气管2~3 cm穿一粗线于气管下备用。

(3) 切开气管。用手术剪在喉头下3、4软骨环之间横向切开管前壁(切开不得超过气管直径的50%),从切口处伸入剪刀,再向头端剪一小口,使整个切口成倒

"T"形。

(4) 气管插管。用镊子夹住"T"形切口的一角,将适当口径的"Y"形气管插管由切口处向胸腔方向插入气管腔内,将备用线扎紧后,再于插管分叉处打结固定,以防气管插管脱出。

2. 颈部动脉插管术

一般在气管插管术后进行。用止血钳夹住气管左侧肌肉向外牵拉,可在气管左侧深部看到一条深红色较粗大的血管,用手触之有搏动感,此即为颈总动脉。用玻璃分针(眼科镊子或纹式止血钳)细心分开鞘膜,防止损伤神经,游离出 3~4 cm 长的颈总动脉血管,在此血管下面穿入两条线备用。待游离出足够长的颈总动脉后,扎紧其远心端,在近心端夹一动脉夹,另一线在动脉夹与远端结扎线之间打一活结(动脉夹与远端结扎线之间的距离应不小于 3 cm)。提起结扎线,用眼科剪的尖部呈 30°角,在结扎线的近心侧 0.3 cm 处的动脉壁上剪一斜形切口,剪开动脉壁之周径 1/3 左右(若重复数剪易造成切缘不齐,当插管时易造成动脉内膜内卷或插入层间而失败)。由切口处向心脏方向插入充满 0.5% 肝素的动脉插管,用已成活结的备用线将其扎紧,并将余线在动脉插管的突起处结扎固定,最后将动脉套管做适当固定。取下动脉夹即可记录血压信号。

3. 股静脉插管术

动物麻醉后仰卧固定于手术台上,在腹股沟三角区备皮。沿血管走向作 4~5 cm 皮肤切口,用弯形止血钳分离肌肉和深部筋膜,暴露出神经和股血管,由外向内分别为股神经、股动脉及股静脉。用玻璃分针或蚊式钳仔细分离出一段股静脉,在其下面穿过两根丝线备用。先用静脉夹夹住股静脉的近心端血管,待血管内血液充盈后再结扎股静脉远心端;然后提起结扎线,用眼科剪的尖部与血管前壁呈 30°角,在紧靠结扎线近心端处剪一斜口。由切口处向心脏方向插入充满生理盐水的静脉插管,用另一备用线将其扎紧,并将余线结扎在静脉插管的突起处以防止滑脱(或将近心端结扎线余线与静脉插管平行拉直后用远心端的结扎线一并结扎固定)。

4. 输尿管插管术

动物麻醉后仰卧固定于手术台上,在耻骨联合以上腹部备皮。自耻骨联合上缘约 0.5 cm 处沿正中线向上作 3~4 cm 的皮肤切口,用止血钳提起腹白线两侧的腹壁肌肉,再用手术剪沿腹白线剪开腹壁及腹膜(注意勿伤及腹腔脏器)。将膀胱翻出切口外(勿使小肠外露,以免血压下降),在其底部两侧找到两条透明、光滑的小管,此即输尿管。在输尿管靠近膀胱处穿过一条丝线,并打一活结备用。用镊柄或食指挑起输尿管后,再用眼科剪剪一斜口。由切口处向肾脏方向插入充满生理盐水的输尿管插管,并用备用丝线扎紧、固定之,以防滑脱。放置好输尿管及其插管后可见管内有尿液慢慢流出。

用同样的方法插入另一侧输尿管插管。

术中及术后注意用温热盐水纱布覆盖手术切口以保持腹腔内的温度与湿度。术后也可用皮钳夹住腹腔切口关闭腹腔。

5. 膀胱插管术

(1) 找出输尿管:操作过程同输尿管插管术的前三步。

(2) 结扎尿道:在输尿管下方穿一条丝线,翻转膀胱(注意避开输尿管)结扎尿道。

(3) 插入膀胱漏斗:在膀胱顶部血管较少处行荷包缝合,然后用眼科剪在荷包缝合圈内剪一小口,将充满水的膀胱漏斗由切口处插入膀胱,使漏斗对准输尿管开口处并贴紧膀胱壁,拉紧缝合线并结扎固定。术后用温盐水纱布覆盖腹部切口。

除上述几种插管外,在采集消化液时还需要进行胰导管、胆总管等插管,其操作方法大致与静脉插管相似,此不赘述。

五、动物的急救

在动物实验过程中可能会因麻醉过量、大失血、过强的创伤、分泌物或血块堵塞气管等,使动物出现血压急剧下降、呼吸不规则甚至停止、角膜反射消失等临床死亡症状,对此应立即进行抢救。首先要查明原因,根据动物情况制定急救措施。

1. 麻醉过量的急救

(1) 实验动物呼吸变慢、不规则或停止,但仍有心跳时,可进行人工呼吸或给予呼吸中枢兴奋剂。① 人工呼吸:用双手或单手按一定节律压迫动物胸廓进行人工呼吸;也可立即切开动物气管,插入气管插管,然后连接电动人工呼吸器进行人工呼吸。动物自主呼吸一旦恢复,即可停止人工呼吸。② 注射呼吸中枢兴奋剂:可从静脉一次注射1%的山梗菜碱 0.5 mL 或 25%的尼可刹米 1 mL 等。山梗菜碱可刺激颈动脉体化学感受器,反射性引起呼吸中枢兴奋,对呼吸中枢也有轻微的直接兴奋作用,同时亦可升高血压。尼可刹米则直接兴奋呼吸中枢,使呼吸加深加快,但其对血管运动中枢的兴奋作用较弱。

(2) 呼吸、心跳均停止时,在施用上述方法的同时,可注射强心剂。用 1∶10 000 的肾上腺素做静脉注射,必要时可直接做心脏内注射。肾上腺素具有增强心肌收缩力、提高房室传导速度、扩张冠状动脉、增强心肌供血供氧、改善心肌代谢、刺激心脏起搏点等作用。当给动物注射肾上腺素后,其心脏仍跳动无力时,可从静脉或心腔内注射 1%氯化钙 5 mL。钙离子可使心肌收缩力增强,升高血压。

2. 窒息的处理

动物麻醉后,呼吸道分泌物增多且不易排出,或气管插管术中出血形成血凝块,均可堵塞气管而造成窒息。此时,应立即拔出气管插管,清除气管内分泌物及血块,冲洗气管插管使其畅通,然后再将气管插管重新插入。

3. 大失血、血压下降的处理

(1) 暂停实验,查明出血部位立即止血(血压极低或记录不到血压时,还需排除因血凝块堵塞动脉插管等情况)。

(2) 快速输液,增加血容量:可经静脉快速输入温生理盐水使血量增加以恢复血压;也可静脉注入高渗葡萄糖液,通过其对动物血管内感受器的刺激,反射性引起血压和呼吸的改善。

(3) 静脉注射 1∶10 000 的肾上腺素。

(4) 采取保温措施,防止动物体温下降,待血压恢复后再进行实验。

六、实验动物的处死

在急性动物实验结束后,通常需要将动物处死。实验动物的处死方法有很多,可根据实验动物的种类选择。

1. 注射麻醉法

注射麻醉处死法主要用于豚鼠和家兔。一般可用巴比妥类经静脉、心脏和腹腔快速过量注射,麻醉处死动物(动物不同,用量差别较大,一般为正常麻醉用量的 3 倍以上)。

2. 空气栓塞法

空气栓塞法主要用于大动物的处死。用注射器将空气快速注入待处死动物相应的静脉内,使动物快速死亡。注入静脉的空气可随着血液循环到全身,造成肺动脉、冠状动脉等阻塞,发生严重的血液循环障碍,使动物很快死亡。一般处死家兔和猫需注入空气 10~20 mL,处死狗需注入空气 70~150 mL。

3. 急性失血法

该法可用于各种实验动物的处死。方法:① 利用实验中的颈部或股部手术切口,切断动物的颈动脉、颈静脉或股动脉、股静脉血管,快速大量放血致使动物死亡;② 也可用粗针头刺入心脏抽取大量血液,使动物失血而死;③ 大白鼠或小白鼠则可通过摘除眼球使眼眶动、静脉大量出血而致死。

4. CO_2 吸入法

CO_2 吸入处死适用于各种动物。将动物放入相对封闭的容器内,通入纯 CO_2 气体,或放入 CO_2 凝固块,直到动物停止呼吸致死。

5. 吸入麻醉法

使动物吸入过量的乙醚而死。

6. 颈椎脱臼法

颈椎脱臼法最常用于大、小白鼠的处死。方法:用左手的拇指和食指用力向下按住鼠头,右手抓住鼠尾,用力向后拉动,使动物颈椎脱臼,脊髓与脑断离而迅速死亡。用此法处死大白鼠时需抓住鼠尾根部,加大力量向后上方拉。

附:慢性动物实验的基本操作技术简介

慢性动物实验的手术操作技术与急性动物实验基本相同。但由于慢性实验动物在手术后还需存活较长时间,所以除要求手术操作技术熟练准确外,还需特别注意做好动物手术前的准备和手术后的护理工作。

1. 术前准备

手术前应给予动物足够的营养改善全身情况,增强动物对手术的耐受能力。猫、狗等动物术前 8~12 小时应禁食,麻醉前可给予一定量饮水。

2. 无菌操作

为防止感染,促进创口愈合,保证动物存活,手术操作必须在消毒灭菌的情况下进行。

(1) 手术环境的消毒;
(2) 手术器械和物品的消毒;
(3) 手术部位的消毒;
(4) 手术人员手臂的消毒。

3. 切口缝合

慢性动物实验的手术切口必须进行缝合。

(1) 皮肤一般用丝线和三棱针做单纯间断缝合;
(2) 筋膜、肌肉等用弯圆针做连续缝合;
(3) 易碎组织用弯圆针做褥线缝合。

缝合前,应彻底止血,清洁切口。切口缝合要分层进行,消除"死腔"。缝合皮肤之前,需要用 75% 酒精或 0.1% 新洁尔灭溶液,再涂擦消毒皮肤一次。根据切口愈合情况,适时拆除外部创口的缝线,拆线前,亦应进行缝合处的常规消毒。

4. 术后处理

(1) 手术操作完成后,待动物呼吸平稳、血压正常后拔出气管插管。
(2) 待动物完全苏醒后方可送回动物室。
(3) 术后应将动物单独安置于清洁的动物笼内饲养,并注意保温。
(4) 手术后要防止创口感染,及时解决切口疼痛、呼吸减弱、呕吐、排尿困难等术后常见问题。另外,还要保证术后动物的进食和饮水,以保证动物的正常存活。

第二节　实验标本的采集方法

一、血液采集

实验动物采血方法的选择,主要取决于实验要求所需血量以及动物的种类。用血量较少的实验如血细胞计数、血红蛋白测定、血液涂片等,可刺破组织取毛细血管的血;当用血量较多时可做静脉采血;做动脉血气分析、pH 以及离子浓度分析实验时,还需采取动脉血液。

1. 尾静脉采血

尾静脉采血主要用于需血量很少的大、小白鼠实验。常用的方法有以下几种。

(1) 剪尾采血。固定动物并露出鼠尾。将尾部浸于45℃左右的温水中数分钟，使尾部血管扩张；擦干鼠尾，剪去尾尖约3～5 mm，让自剪口流出的血液滴入容器或用吸管吸取。采血结束后，消毒伤口并压迫止血。

(2) 切割尾静脉采血。在尾静脉处做一横切口，割破尾静脉，用上述方法收集血液。每只鼠一般可采血10余次。小白鼠每次可取血0.1 mL，大白鼠0.3～0.5 mL。

(3) 针刺尾静脉采血。先用酒精棉球擦拭鼠尾，尾静脉充血后用干消毒纱布将鼠尾擦干；用7号或8号注射针头，刺入鼠尾静脉后立即拔出针头，采血后做局部压迫止血。

2. 眼眶后静脉丛采血

在需要中等量血液的实验中，为避免实验动物死亡常用此法。将麻醉鼠取眼向上侧位固定，用左手拇指和食指从背部较紧地握住动物颈部（应防止动物窒息）。取血时，左手拇指和食指轻轻压迫动物的颈部两侧，使眼眶后静脉丛充血。右手持1 mL注射器（选择7号针头）或毛细采血管（内径0.5～1.0 mm），针头斜面先朝向眼球，以45°夹角由眼内角刺入，再旋转180°使斜面对着眼眶后界。进针深度小白鼠2～3 mm，大白鼠4～5 mm。当感到有阻力时，将针后退0.1～0.5 mm，边退边抽。取血后，解除左手对颈部的压迫，拔出采血器，以防止穿刺孔再出血。一般用本法可在短期内重复采血。小白鼠每次可采血0.2～0.3 mL，大白鼠每次可采血0.4～0.6 mL。

3. 耳缘静脉采血

耳缘静脉采血为最常用的取血法之一，多用于家兔中等量取血，并可重复采取。右手持注射器，用耳缘静脉注射的方法将针头逆血流方向刺入耳缘静脉抽取血液，或用刀片割破耳缘静脉末端血管取血，一次可采血5～10 mL。取血后，用棉球压迫止血。

4. 心脏采血

心脏采血主要用于家兔、狗等较大动物。兔心脏采血法：将麻醉好的家兔仰卧固定于手术台上，剪去心前区的被毛；右手持注射器，在胸骨左缘第三肋间处将针头垂直刺入心脏，随心脏的搏动血液自动进入注射器。取血后，迅速拔出针头，用消毒纱布覆盖穿刺部位。一次可取血20～25 mL。

5. 大静脉采血

经动物颈静脉、股静脉等血管采血，方法与前肢皮下头静脉等处的静脉注射法基本相同，只是在抽血时仍保持对静脉近心端的压迫，使血管持续充盈，采血后再松开橡皮带。此法也用于前肢皮下头静脉和后肢小隐静脉等部位采血。

6. 大动脉采血

经动物颈动脉、股动脉等血管采血，方法与颈部动脉插管术相同，只是插管内不充肝素,插管的另一端放入接血的容器中。取血时,放开夹在动脉近心端的动脉夹即可。

7. 断头取血

断头取血主要用于大、小白鼠的大量采血。方法:左手固定动物,并使其头略向下倾,右手用剪刀迅速剪掉动物头部,让血液流入接血的容器中。小白鼠可采血 0.8～1.2 mL,大白鼠可采血 5～10 mL。

二、尿液采集

1. 代谢笼法

代谢笼是为收集动物的排泄物而特制的装置。代谢笼法主要用于大、小白鼠的尿液采集。方法:将给药或饮水后的动物立即放入代谢笼中,收集动物一定时间内的尿液。

2. 导尿法

导尿法常用于雄性家兔和狗。方法:将麻醉的动物取仰卧位固定,左手使动物尿道口张开,右手将顶端涂有液状石蜡的导尿管缓慢地插入尿道,尿液便从导尿管流出。此法可采集到无污染的尿液。

3. 输尿管插管法

该采尿法同输尿管插管法(见本章第一节)。

4. 膀胱漏斗法

该采尿法同膀胱漏斗插入法(见本章第一节)。

5. 压迫膀胱法

压迫膀胱法主要用于家兔和狗等大动物。方法:将动物麻醉固定,按压其骶骨两侧背部,或轻压下腹部,促使尿液从尿道口排出,以采集尿液。

三、消化液的采集

常采集的消化液主要是家兔、猫和狗等大动物的唾液、胃液、胆汁和胰液等。各种消化液的采集,都是在经过麻醉、固定后的动物上进行的。

1. 唾液采集

使动物口腔张开,找到舌下腺开口,插入极细的聚乙烯导管,采集唾液。

2. 胃液采集

将导管经口腔、食管插入胃内,通过导管尾端所连的注射器抽取胃液。

3. 胆汁采集

腹部备皮后,自剑突下作腹部正中切口(切口长 3～5 cm)将肝脏轻轻上翻,找到并分离出胆总管(存在于肝脏与十二指肠连接的结缔组织中,为一条粗大呈黄绿色的管道),用注射器抽取胆汁。

4. 胰液采集

在剑突与脐之间作腹部正中切口。在腹腔右侧,找出与胰腺相连的十二指肠段,稍拉紧十二指肠,在十二指肠腹面找到并分离出胰大管(位于十二指肠壁内的白色小管),插入导管收集胰液。

第四篇　实验内容与设计

第八章　细胞的基本功能

实验一　坐骨神经-腓肠肌标本的制备

【实验目的】

(1) 学习蛙类动物单毁髓与双毁髓的方法。
(2) 学习并掌握蛙类(蟾蜍)坐骨神经-腓肠肌标本的制备方法。

【实验原理】

蛙或两栖类动物的一些基本生命活动及生理功能与温血动物近似,而且其离体组织需要的生活条件非常简单,易于控制和掌握。因此在生理学实验中,坐骨神经-腓肠肌标本是研究神经肌肉生理最常用的对象,经常用来研究神经肌肉的兴奋性、刺激与反应的规律、肌肉收缩的特点、兴奋性的周期性变化等。

【实验器材和药品】

蛙类手术器械 1 套(金属探针 1 根、粗剪刀、眼科剪各 1 把、圆头镊、眼科镊各 1 把、玻璃分针 2 根),蛙板和玻璃板各 1 块,培养皿,滴管,废物缸,锌铜弓,丝线,棉花,任氏液。

【实验对象】

蟾蜍或蛙。

【实验方法和步骤】

1. 破坏脑和脊髓(图 8-1A)

(1) 俯式捣毁法:最常用的方法。取蟾蜍一只,用自来水冲洗干净。以左手持蟾蜍(可用纱布包裹蟾蜍躯干部),将其腹面朝向手心,前肢夹在食指和中指之间固定,后肢夹在无名指和小指之间固定,并用拇指按压蟾蜍头部使之下俯 30~40 度角;然后右手持金属探针在两眼之间沿中线向后触划,当触及一凹陷处即为枕骨大孔(此处与两眼的连线成等边三角形)。将探针从枕骨大孔垂直刺入 1~1.5 mm,再向前刺入颅腔,左右搅动(可感觉到探针与颅骨壁的碰击),充分破坏脑组织,此时的动物为单毁髓动物。然后再将探针退回至进针处,但不拔出而是转向后方刺入椎管,破坏脊髓,彻底捣毁脊髓时,可看到动物的后肢突然蹬直,然后瘫软如棉,此时的动物为双毁髓动物。当脑和脊髓完全破坏时,蟾蜍四肢松软,呼吸消失,四肢肌紧张消失。

如动物仍表现四肢肌肉紧张或活动自如,必须重新毁髓。操作过程中应注意使蟾蜍头部向外侧(不要挤压耳后腺),防止耳后腺分泌物溅入实验者眼内(如被溅入,则需立即用生理盐水冲洗眼睛)。

(2) 仰式捣毁法:将蟾蜍仰卧于蛙板上,拉开下颌,右手持探针在颅底两眼之间向前下刺入颅腔,用探针在颅腔内向四周捣毁脑组织,然后将探针退至黏膜下,针尖向后平行刺入椎管内以破坏脊髓。

(3) 横断脊柱后捣毁法:左手持蟾蜍,右手持粗剪刀,在两腋窝稍下横断脊柱,然后在脊柱呈白色的脊髓断面处,向上插入探针破坏脑,再向下插入探针破坏脊髓。以上方法破坏脑和脊髓成功后,蟾蜍出现四肢(尤其是后肢)瘫软,并常有尿失禁现象。

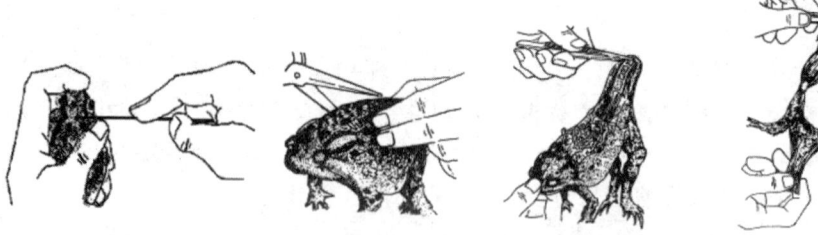

A 破坏脑和脊髓　　B 剪断脊柱　　C 剪去躯干上部及内脏　　D 剥去后肢皮肤

图 8-1　坐骨神经-腓肠肌标本的制备方法(1)

2. 剪去躯干上部及内脏

用粗剪刀在两侧腋部稍下(或在骶髂关节以上 1.5~2 cm 处)剪断脊柱,用左手握住蟾蜍后肢,拇指按压骶骨,使蟾蜍头部及内脏自然下垂。避开腰骶神经丛后,右手用粗剪刀沿脊柱两侧剪开腹壁,在耻骨联合处将躯干上部及内脏剪掉,弃入废物缸内。剪除过程中注意勿损伤坐骨神经(图 8-1B、C)。

3. 剥皮

左手持大镊子夹住脊柱断端(不要握住或压迫神经),右手捏住脊柱断端的皮肤边缘,逐步向下剥去全部后肢皮肤(图 8-1D)。将剥好的标本放置在盛有任氏液的培养皿中或置于洁净的玻璃板上,滴加任氏液备用。然后洗手并清洗用过的手术器械。

4. 分离左右腿

用圆头镊子夹住脊柱并提起,背面朝上,避开坐骨神经,用粗剪刀剪去向上突出的骶骨,沿脊柱正中线将脊柱从上向下分成两半,再从耻骨联合中央剪开(注意:剪开时应避免剪刀走"S"形,以保证坐骨神经的完整),将已分离的两腿浸入任氏液备用。亦可在游离大腿部位的坐骨神经后再分离两腿。

5. 游离坐骨神经

取蟾蜍腿一条,将腿标本背面朝上放置,用玻璃分针在大腿背面内侧沿坐骨神经沟(股二头肌与半膜肌之间)分离肌肉,暴露坐骨神经,游离坐骨神经至腘窝上部,用眼科剪刀剪断神经的所有分支(图 8-2A)。向上将梨状肌及其附近的结缔组织剪断。然后将标本腹面朝上放置,用玻璃分针沿脊柱自上而下轻柔游离坐骨神经(坐骨神经呈亮白色束状),在近脊柱处穿线结扎,从脊柱根部将坐骨神经剪断,轻柔地将坐骨神经经梨状肌孔向下拉出(用玻璃分针在大腿根部沿神经的走行穿至腹侧,在确认玻璃针上面无坐骨神经后,用小剪刀将玻璃针上面的肌肉及结缔组织剪断暴露出整根坐骨神经)。也可以不结扎、不剪断神经,而保留一小块与神经相连的脊柱(约 0.5 cm×0.5 cm 左右),供握持神经用(图 8-2B)。

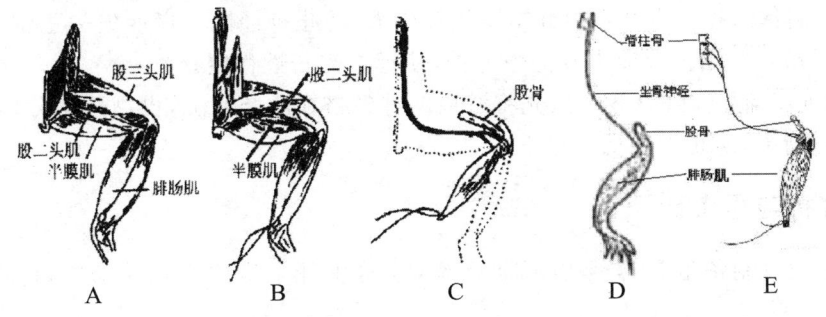

图 8-2 坐骨神经-腓肠肌标本的制备方法(2)

6. 游离股骨

将游离的坐骨神经轻轻搭在腓肠肌上,切断膝关节周围的大腿部肌肉,把股骨刮干净。在股骨中部剪去上段股骨(余下的股骨约 1~1.5 cm,以便在固定神经肌肉标本时使用),保留的部分就是坐骨神经小腿标本。

7. 完成坐骨神经-腓肠肌标本

用眼科镊（或眼科剪）在跟腱下方穿一洞，穿线结扎腓肠肌跟腱，在结扎线远端剪断跟腱，向上游离腓肠肌至膝关节处，将膝关节以下的小腿其余部分全部剪去。如果所用动物个体大，可分离胫腓骨。即在分离出腓肠肌的基础上，移开腓肠肌，剪去胫腓骨上的肌肉，自膝关节以下保留 1 cm 长的胫腓骨并剪断后肢，然后自膝关节剪断股骨。以上过程应注意避免损伤神经，并随时滴加任氏液。至此即完成坐骨神经-腓肠肌标本的制备（制备完整的坐骨神经-腓肠肌标本应包括：连有坐骨神经的脊柱骨、坐骨神经、腓肠肌、股骨头或胫腓骨头四部分）（图 8-2C、D、E）。

8. 检查标本的兴奋性

用被任氏液浸湿的锌铜弓接触坐骨神经，如腓肠肌迅速收缩，则表示标本的兴奋性良好，可供神经干动作电位的传导、神经-肌肉接头的传递以及骨骼肌的收缩等实验研究。若无锌铜弓，亦可用中等强度的单个电刺激做上述测试。

【实验要求与注意事项】

（1）熟悉蟾蜍手术器械的使用方法，了解蟾蜍腿部的局部解剖及坐骨神经的走行。

（2）避免损伤蟾蜍背部的腺体（尤其是眼后的大腺体），防止其分泌物溅入眼内或污染标本。

（3）勿剪破蟾蜍内脏，并及时清洗双手及用过的器械，已剥去皮肤的组织应避免接触蟾蜍皮肤或其他不洁物，以防标本被污染。

（4）游离神经、肌肉时不可过度牵拉，应避免用手指、金属器械接触或夹持标本的神经肌肉部分，更不能用自来水冲洗标本。

（5）制备过程中应经常给标本滴加任氏液，防止神经因干燥而失去正常兴奋性。标本制成后须放在任氏液中浸泡数分钟，使标本兴奋性稳定。

（6）移动制备好的标本时，先将游离的神经搭在腓肠肌上，再用双手分别提拿跟腱和股骨断端，防止神经受力过重。

【分析与思考】

（1）通过制备坐骨神经-腓肠肌标本，你对生理学实验有何感想？有哪些操作体会？

（2）损毁脑和脊髓后的蟾蜍有何表现？若破坏脊髓不彻底，蟾蜍的四肢会有什么表现？为什么？

（3）为什么在本实验中应经常给标本滴加任氏液？制备的坐骨神经-腓肠肌标本为什么要在任氏液中保存？标本为什么不能用清水冲洗或浸泡？

（4）锌铜弓为何能用来检查标本的兴奋性？若无锌铜弓，能否用其他方法来检查标本的兴奋性？

(5) 金属器械碰压或损伤神经与腓肠肌,可能引起哪些不良后果?

实验二 骨骼肌的单收缩和复合收缩

【实验目的】

观察刺激强度与骨骼肌收缩力量的关系及刺激频率对骨骼肌收缩形式的影响,了解单收缩、复合收缩的产生机制及其意义。

【实验原理】

肌肉组织具有兴奋性,受到刺激后会发生肌肉收缩反应。当刺激坐骨神经-腓肠肌标本时,在一定范围内随着刺激强度的增大,参与兴奋的神经纤维和骨骼肌纤维(运动单位)的数量随之增多,骨骼肌的收缩力量也随之增强。改变刺激频率,肌肉可出现不同形式的收缩反应。肌肉受到一次刺激,爆发一次动作电位,引起一次收缩,称为单收缩,其全过程可分为潜伏期、缩短期和舒张期三个时期。单收缩是骨骼肌其他收缩形式的基础。当给予骨骼肌两个以上相继有效的刺激时,肌肉将出现连续的收缩。改变刺激频率即可使肌肉出现不同形式的收缩反应。若刺激频率较低,刺激间隔时间大于肌肉单收缩的持续时间,肌肉的反应表现为一连串的单收缩;若逐渐增加刺激频率,使刺激间隔时间逐渐缩短,后一次收缩反应落在前一收缩的舒张期内,则引起锯齿状的不完全强直收缩;若继续增加刺激频率,后一次收缩反应落在前一收缩的缩短期内,则出现收缩曲线呈平滑的完全强直收缩。这种肌肉收缩波形的部分或全部重合,又称为复合收缩。所以,有效刺激的频率决定了肌肉收缩的形式。在正常机体内骨骼肌的收缩几乎全是强直收缩。

【实验器材和药品】

BL-420F 生物机能实验系统,张力换能器,蛙类手术器械 1 套,蛙板,玻璃板,培养皿,滴管,线,棉花,肌动器,铁支架,任氏液。

【实验对象】

蟾蜍或蛙。

【实验方法和步骤】

1. 标本制备与安放
有以下两种不同的方法。

方法一 按实验一的方法制备出坐骨神经-腓肠肌标本,并在任氏液中浸泡10~15 min,然后将标本的股骨固定在肌动器上,腓肠肌跟腱用线扎紧并与换能器相连,须注意让肌肉处在自然长度。将坐骨神经轻放在肌动器电极上,并注意保持局部湿润(图8-3A)。

方法二 制作在体的坐骨神经-腓肠肌标本:

(1) 破坏蟾蜍脑和脊髓。

(2) 剥离一侧下肢自大腿根部起的全部皮肤,然后将蟾蜍腹位固定于蛙板上。

(3) 游离腓肠肌,用线结扎跟腱,提起结扎线,从结扎线的远端剪断肌腱。

(4) 用玻璃分针在大腿背面内侧,沿坐骨神经沟(股二头肌与半膜肌之间)分离肌肉,暴露坐骨神经,用玻璃分针自上而下轻柔游离坐骨神经(坐骨神经呈亮白色束状)至腘窝上部,用眼科剪剪断神经的所有分支,从中枢侧将坐骨神经剪断。

(5) 用蛙钉固定膝关节,将固定并游离好腓肠肌的蟾蜍直接放在张力换能器下,用腓肠肌跟腱结扎线与张力换能器相连,注意不要牵拉过紧,使肌肉处于自然长度,将坐骨神经搭在刺激电极上(图8-3B)。

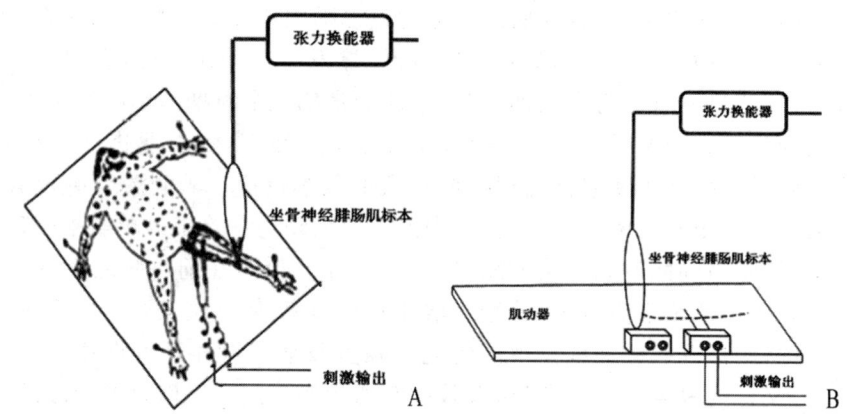

图8-3 两种安放标本的方法

2. 仪器调试

打开计算机,进入 BL-420F 生物机能实验系统操作界面,点击实验项目→肌肉神经实验→刺激强度与反应的关系(或刺激频率与反应的关系)→设置各项参数。

3. 观察项目

(1) 刺激强度与反应的关系:选用程控调整电刺激强度(图8-4),由小到大对标本施加有效刺激,可记录到一组幅度逐渐增大的单收缩曲线(图8-5)。找出刚能引起肌肉出现收缩的最小刺激强度,即为刺激阈强度;找出引起肌肉出现最大收缩的最小刺激强度,即为最大刺激强度。

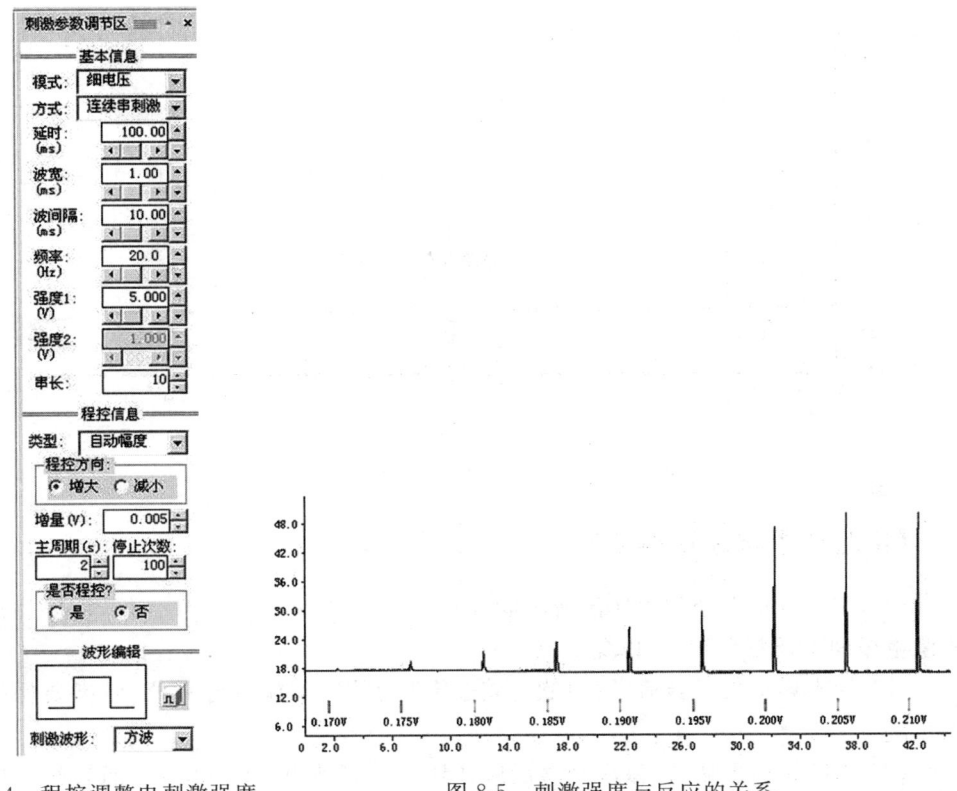

图 8-4　程控调整电刺激强度　　　　图 8-5　刺激强度与反应的关系

（2）刺激频率与反应的关系（图 8-6）：选用"经典实验"或"现代实验"，记录不同频率时的肌肉收缩曲线，引导出单收缩、不完全强直收缩和完全强直收缩（图 8-6）。

（3）观察兴奋-收缩脱耦联现象。用任氏液湿润的棉线作引导电极放置在腓肠肌上，引导骨骼肌动作电位，另一端输入计算机的 1 通道。选用最大刺激强度刺激坐骨神经，观察腓肠肌的动作电位和单收缩波形的关系，计算从动作电位起点到肌肉收缩起点的时间。用甘油浸泡的棉花盖在腓肠肌上，每隔 30 s 刺激坐骨神经一次。观察经过多少分钟后，只出现动作电位，而不出现腓肠肌的收缩。

4. 结果处理

（1）实验结束时，单击工具栏"停止实验"按钮，弹出存盘对话框，提示给记录的实验数据输入文件名并存盘。

（2）数据整理：打开实验结果，回放图形，选择"数据剪辑"剪辑典型波形，打印，粘贴在实验报告上。

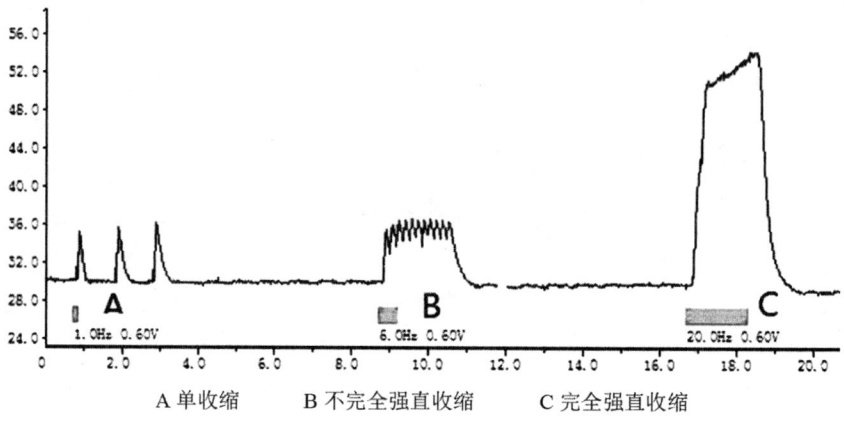

A 单收缩　　B 不完全强直收缩　　C 完全强直收缩

图 8-6　刺激频率与骨骼肌收缩形式的关系

【实验要求与注意事项】

（1）实验过程中经常用任氏液湿润标本，以保持标本的兴奋性良好，但要注意两刺激电极间不要留存液体，以免短路。

（2）标本连接松紧合适（用口吹气，线不动为佳），不能过分牵拉，肌肉要保持自然长度。

（3）为防止标本疲劳，每次刺激后应让肌肉短暂休息（20～30 s），而且每次连续刺激一般不超过 5 s。

【分析与思考】

（1）什么是阈下刺激、阈刺激、阈上刺激和最大刺激？为什么在阈刺激和最大刺激之间，肌肉收缩幅度随刺激强度的增加而增加？同一块肌肉，其单收缩、复合收缩的高度是否相同？为什么？

（2）记录肌肉的复合收缩时，若同时记录肌肉的动作电位，动作电位是否会融合？为什么？

（3）从刺激神经开始到肌肉产生收缩，标本发生了哪些生理变化？按顺序描述其发生的过程和机制。

实验三　神经干动作电位的引导及其与刺激强度的关系

【实验目的】

学习神经干动作电位的记录方法,观察复合动作电位的波形、潜伏期、时程、幅值及其与刺激强度之间的关系,加深对生物电现象的理解,并初步掌握电生理实验的方法。

【实验原理】

神经组织是可兴奋组织,其生物电的表现形式主要有两种:安静时的静息电位和受刺激时产生的动作电位。动作电位可沿神经纤维传导,将两个引导电极分别置于正常完整的神经干表面,神经干一端兴奋时,兴奋向另一端传播并依次通过两个记录电极,可记录到两个方向相反的电位偏转波形,称为双相动作电位。若两个引导电极之间的神经组织有损伤,动作电位只能到达第一个引导电极,而不能传导至第二个引导电极,此时只能记录到一个方向的电位偏转波形,称为单相动作电位。

这种由许多神经纤维动作电位综合而成的复合电位,其电位幅度在一定范围内可随刺激强度的变化而变化,这一特点和单条神经纤维的动作电位是不同的。这是因为坐骨神经中包含许多种类的神经纤维成分,它们的兴奋阈值和传导速度等特点各不相同。所以,当刺激强度在一定范围

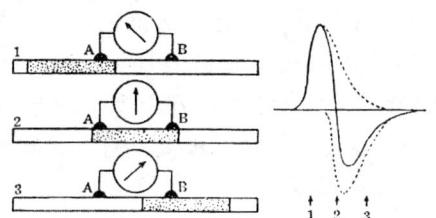

图 8-7　神经干动作电位产生机制

内变化时,因参与兴奋的神经纤维的数量不同和其传导速度不同,会使复合动作电位的幅度和形状发生相应变化;当神经干因逐渐分支而变细时,复合动作电位的幅度也随之变小。

【实验器材和药品】

BL-420F 生物机能实验系统,神经标本屏蔽盒,蛙类手术器械 1 套,蛙板,玻璃板,废物缸,培养皿,滴管,棉花,线,任氏液。

【实验对象】

蟾蜍或蛙。

【实验方法和步骤】

1. 制备坐骨神经干标本

标本制作的前几步同坐骨神经-腓肠肌标本的制备（破坏蟾蜍的脑和脊髓、剪除躯干上部及内脏、剥皮、分离左右腿、游离坐骨神经）。坐骨神经在腘窝上方分为两支：胫神经走行表浅，位于腓肠肌内侧；腓神经走行较深，位于腓肠肌外侧。若仅分离胫神经，则称为坐骨神经-胫神经标本；若仅分离腓神经，则称为坐骨神经-腓神经标本；若两者均分离，则称为坐骨神经-胫神经-腓神经标本。标本制备好后，浸入任氏液中 10~15 min 备用。

2. 连接实验装置

标本安装和仪器连接如图 8-8 所示，用导线连接实验仪器。在 BL-420F 系统刺激输出端口上连接一对刺激电极，刺激电极的正极连接神经干标本盒的 S_1，负极连接 S_2，地线接地。两对引导电极的正极分别连接在 R_1 和 R_3 上，负极分别连接在 R_2 和 R_4 上，引导电极的另一端分别连接在 BL-420F 系统的 1、2 通道。将标本盒内所有电极用浸有任氏液的棉球擦拭，从任氏液中取出坐骨神经-腓神经标本，用滤纸吸去多余液体，置于标本盒内各电极上，粗的一端放在刺激电极上，细的一端放在记录电极上。打开计算机，启动 BL-420F 生物机能实验系统。

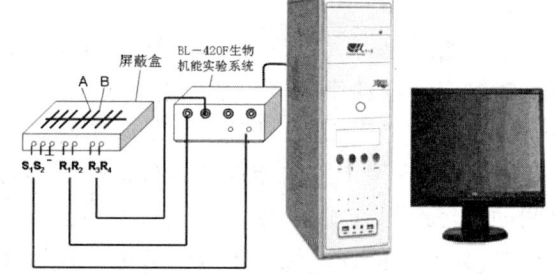

图 8-8 神经干动作电位引导装置

3. 仪器调试

打开计算机，进入 BL-420F 生物机能实验系统操作界面，点击实验项→肌肉神经实验→神经干动作电位的引导→设置各项参数→确定。

4. 观察项目

（1）观察不同刺激强度对神经干动作电位的影响。由菜单选取"实验项目－肌肉神经实验－神经干动作电位的引导"。点击刺激器，弹出刺激器基本信息区：刺激强度为零，程控方式为自动幅度，程控方向为增大，增量为 0.05，是否程控为是。点击刺激图标，当刺激强度增加到刚能引起微小动作电位时，此刺激强度称为阈强度，记录其数值。继续增加刺激强度，观察动作电位的幅值与刺激强度之间的关系，同时注意刺激伪迹与刺激强度之间的关系，并注意动作电位的波形有什么变化。当刺激强度引起的动作电位的幅值达到最大时，再增加刺激强度，动作电位的幅值不再增加，该刺激强度称为最大刺激强度，记录其数值。

(2) 观察双向动作电位。

① 动作电位幅值不再增大时,记录潜伏期(从刺激伪迹到动作电位起始点的时间)、双相动作电位上下相的幅度和整个动作电位持续的时间(图 8-9)。

② 将神经干标本放置方向调换后,观察动作电位和刺激伪迹的波形有何变化?

③ 引导电极 R_1 和 R_2 调换位置后,观察动作电位的变化。

④ 移动 B 引导电极,使 A、B 之间的距离加大,双相动作电位第二个波的形状有无改变?为什么?

⑤ 若用同样粗细长短的湿棉线代替神经干,动作电位是否出现?再换成原神经干标本结果如何?

(3) 观察单向动作电位。在记录电极 R_1、R_2 之前用小镊子夹伤神经干或用药物(如普鲁卡因)阻断,可见第 1 通道动作电位的第二相消失,变为单相动作电位。第 2 通道的动作电位消失。记录单相动作电位的潜伏期、持续时间和幅值。

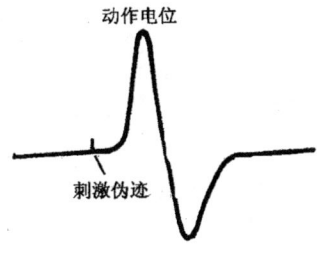

图 8-9 双向动作电位示意图

5. 结果处理

(1) 实验结束时,单击工具栏"停止实验"按钮,弹出存盘对话框,提示给刚才记录的实验数据输入文件名并存盘。

(2) 数据整理:打开实验结果,拖动数据滚动条,回放图形(实验过程中用鼠标左键选标记,可用右键添加特殊标记),分别选择典型波形单击"数据剪辑"(剪辑的数据段以灰色显示),依次对不同波形段进行数据剪辑完成后,点击"停止实验",弹出"cut.tme"对话框,按照自己需要重命名的剪辑文件,打开数据剪辑文件复制波形,粘贴于新建 Word 文档,打印图形,粘贴在实验报告上。

【实验要求与注意事项】

(1) 制备标本时应仔细除去附着在神经干上的结缔组织和血管,不可过度牵拉。

(2) 不可向神经标本屏蔽盒内直接滴加任氏液,电极间不可有多余任氏液存在,以防短路。可将湿的滤纸置于盒底,以防盒内干燥。

(3) 应将神经拉直后搭在电极上,不可折叠,也不可碰到屏蔽盒的壁上。

(4) 神经标本屏蔽盒用毕应清洗擦干,防止电极生锈。

【分析与思考】

（1）神经干复合动作电位的形状与细胞内记录的神经纤维的动作电位有何区别与联系？

（2）通常记录到的双相动作电位的第一相和第二相为何在波形、幅值上不对称？在什么情况下可记录到对称的双相动作电位？在什么情况下可记录到单相动作电位？

（3）在一定范围内，神经干动作电位的幅度为何随刺激强度的增大而增大？这与动作电位的"全或无"规律是否矛盾？

（4）何为刺激伪迹？在实验中如何辨别刺激伪迹与动作电位？用什么方法可减小刺激伪迹？

（5）能否设计一个实验，来验证神经纤维兴奋传导的双向性、相对不疲劳性和生理完整性？

第九章 血液

实验一 ABO 血型鉴定

【实验目的】

学习 ABO 血型的鉴定方法,观察红细胞的凝集现象,掌握 ABO 血型鉴定的原理。

【实验原理】

血型鉴定是将受试者的红细胞加入抗 A 血型定型试剂(B 型标准血清)与抗 B 血型定型试剂(A 型标准血清)分别与被测者的红细胞混合,根据是否发生红细胞凝集反应,即可判定红细胞表面所含的凝集原,从而鉴定其 ABO 血型。

【实验器材和药品】

离心机,采血针,载玻片,滴管,1 mL 吸管,牙签,消毒注射器及针头,棉球,消毒棉签,抗 A 血型定型试剂(抗 A 抗体),抗 B 血型定型试剂(抗 B 抗体),生理盐水,75%乙醇。

【实验对象】

人。

【实验方法和步骤】

ABO 血型鉴定如下。

1. 玻片法

(1)取玻片一块,用干净纱布轻拭,使之干燥洁净。将抗 A 血型定型试剂(蓝色,以代替 B 型标准血清)与抗 B 血型定型试剂(黄色,以代替 A 型标准血清)各一滴,滴在玻片的两侧,分别标明 B 与 A(图 9-1)。

(2) 75%乙醇棉球消毒左手无名指指端，用一次性消毒采血针刺破皮肤。用一根牙签蘸取少许血液混于玻片一侧的抗 A 试剂中，再用另一根牙签蘸取少许血液混于玻片另一侧的抗 B 试剂（切记要换牙签，严防两种抗体接触，图 9-1）。

(3) 30 s 到 1 min 后用肉眼观察有无凝集现象。根据图 9-2 判断所测血液的血型。

2. 试管法

取干净小试管 2 支，分别标明 A、B 字样。分别加入抗 B 血型定型试剂、抗 A 血型定型试剂 2 滴，各管加入受试者的红细胞悬液 1~2 滴，混匀后室温放置 5 min，离心 1 min（1 000 转/min）。取出试管后用手指轻弹试管底，使沉淀物被弹起，在良好的光源下观察结果。若沉淀物成团漂起，表示发生凝集现象；若沉淀物之边缘呈烟雾状逐渐上升，最后使试管内液恢复红细胞悬液状态，表示无凝集现象。试管法较玻片法结果准确。

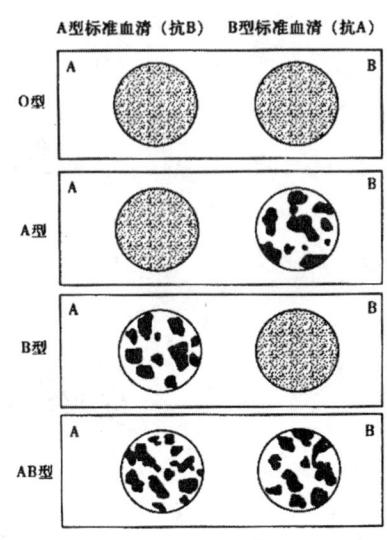

图 9-1 血浆混匀方法

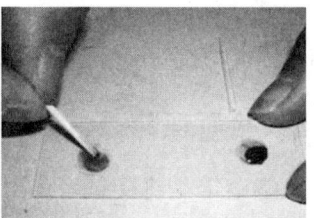

图 9-2 ABO 血型的玻片检查法

【实验要求与注意事项】

(1) 加抗 A、抗 B 试剂时，应单独加，不能混淆。

(2) 肉眼难辨别凝集现象时应在显微镜下观察，并注意红细胞叠连与凝集现象的不同。

(3) 红细胞悬液须新鲜，因污染后可产生假凝集。

(4) 红细胞不能太浓或太淡，否则易出现假阴性反应。

【分析与思考】

(1) 如何区分红细胞的凝集和叠连？

(2) 为什么血型相同的人之间输血仍要做交叉配血试验？

实验二　血液凝固及其影响因素

【实验目的】

通过测定不同条件下的血液凝固时间，了解血液凝固的基本过程及加速和延缓血液凝固的因素。

【实验原理】

血液由流体状态变为不能流动的胶冻状凝块的过程称为血液凝固。血液凝固的基本过程分为三步：(1) 凝血酶原酶复合物的形成；(2) 凝血酶原被激活为凝血酶；(3) 纤维蛋白原变为纤维蛋白。

血液凝固可分为内源性凝血系统和外源性凝血系统两条途径。内源性凝血系统是指参与凝血过程的因子全部存在于血浆中，而外源性凝血系统是指有组织因子参与的凝血过程。本实验采用家兔颈总动脉放血取血，由于血液几乎没有和组织因子接触，其凝血过程主要是由内源性凝血系统所发动。肺组织含有丰富的组织因子，本实验利用兔肺组织浸液观察外源性凝血系统的作用。血液凝固受许多因素影响，如血浆钙离子浓度、温度、接触面的光滑程度等。

【实验器材和药品】

清洁小试管(10×7.5 mm)11 支，50 mL 小烧杯 1 个，0.5 mL 吸管 6 支，10 mL 注射器，5 号针头，滴管，试管架，恒温水浴器，秒表，哺乳动物手术器械 1 套，兔手术台，动脉夹，塑料动脉插管，带橡皮刷的玻棒或竹签，棉花，20% 氨基甲酸乙酯，富血小板血浆，少血小板血浆，兔肺组织浸液，0.025 mol/L $CaCl_2$ 溶液，生理盐水，肝素 8 单位(置小试管内)，草酸钾 $1 \sim 2$ mg(置小试管内)，稀释凝血酶溶液，液状石蜡，碎冰块。

【实验对象】

家兔。

【实验方法和步骤】

1. 前期准备

按备注中的方法提前制备好富血小板血浆、少血小板血浆、肺组织液、凝血酶溶液，置 4℃ 低温储存备用。

2. 试管准备

取 8 支干洁的小试管,编号后按表 9-1 的顺序准备不同的实验条件放于试管架上。

3. 动物准备

家兔称重后,从兔耳缘静脉缓慢注入 20% 氨基甲酸乙酯(5 mL/kg),待其麻醉后背位固定于手术台。剪去颈部的毛,沿正中线切开颈部皮肤约 5~7 cm,分离皮下组织和肌肉,暴露气管,在气管两侧的深部找到颈总动脉。分离出一侧颈总动脉,其下穿过两条丝线。一条将动脉于远离心脏端结扎,另一条备用(固定动脉插管)。在颈总动脉近心端用动脉夹夹闭动脉,然后在远心端结扎点的下方用剪刀做一斜形切口,向心脏方向插入动脉插管,然后用丝线固定,需放血时开启动脉夹即可。

4. 观察项目

(1) 观察纤维蛋白原凝血过程中的作用 由颈总动脉插管放血 10 mL,分别注入两个小烧杯内,一杯静置,另一杯用带有橡皮刷的玻棒或竹签不断地搅拌,观察血液的凝固现象。取出玻棒或竹签,用水洗净,观察缠绕在玻棒或竹签上的纤维蛋白,同时观察搅拌过的血液是否会发生凝固?

(2) 观察加速和延缓血液凝固的因素,比较内源性和外源性凝血:取干洁的小试管 8 支,准备各种不同的实验条件(表 9-1)。由颈总动脉插管放血,各管加血 1 mL,即刻开始计时(6、7、8 号试管加入血液后轻轻摇匀,使血液与试剂充分混合),每 30 s 倾斜试管一次,直至血液凝固而不再流动为止。

表 9-1 影响血液凝固的因素

实验条件	凝血时间	解释
1. 对照管		
2. 液状石蜡润滑整个试管内表面		
3. 放少许棉花		
4. 37℃水浴中		
5. 浸在盛有碎冰块的烧杯中		
6. 肝素 8 单位		
7. 草酸钾 1~2 mg		
8. 加肺组织浸液		

如果肝素及草酸钾管不出现血凝,两管各加 0.025 mol/L $CaCl_2$ 溶液 2~3 滴,观察血液是否会凝固?

(3) 观察内源性及外源性凝血过程:取干洁的小试管 3 支,按表 9-2 分别加入 $CaCl_2$ 溶液,摇匀,每 15 s 倾斜一次,分别记录三支试管的血浆凝固时间。

表 9-2 内源性和外源性凝血途径的观察

	第一管(mL)	第二管(mL)	第三管(mL)
富血小板血浆	0.2		
少血小板血浆		0.2	0.2
生理盐水	0.2	0.2	
兔脑粉悬液			0.2
0.025 mol/L CaCl$_2$	0.2	0.2	0.2
血浆凝固时间			

比较第二管和第三管、第一管和第二管的血浆凝固时间,分析产生差别的原因。

(4) 凝血酶时间的测定:取小试管1支,加入少血小板血浆 0.2 mL 迅速加入稀释的凝血酶溶液 0.2 mL,开动秒表,摇匀后置 37 ℃ 水浴中。不断倾斜试管,密切观察并记录血浆凝固时间,此即"凝血酶时间"。

【实验要求与注意事项】

(1) 观察项目(1)和(2)可同时进行,可只放血一次,如果有必要进行第二次放血时,最先由血管内流出的血液应弃去。

(2) 加强组织工作,合理分工,事先安排好取血顺序和准备各试管实验条件。

【分析与思考】

(1) 分析本实验每一项结果产生的原因。

(2) 根据本实验观察项目(3)的结果比较血液凝固的内源性途径与外源性途径的区别。

(3) 凝血酶时间延长有何临床意义?

附

1. 富血小板血浆的制备

取 0.1 mol/L 枸橼酸钠抗凝全血(1份抗凝剂加9份静脉血),以 1 000 r/min 离心 10 min,取上层血浆。

2. 少血小板血浆的制备

取上述同样抗凝血以 4 000 r/min 离心 30 min,取上层血浆。

3. 肺组织液的制备

取新鲜兔肺,剪成小块研磨成糊,加 2~3 倍体积的生理盐水,摇匀。静置 6 h 以上,离心,取其上清液。

4. 凝血酶溶液的制备

取新鲜血浆 100 mL,加蒸馏水至 1 000 mL,将 2% 醋酸溶液 8.5 mL 加入稀释的血浆中,使其pH在5.3左右,此时产生白色混浊,离心后弃掉上清液。用25 mL生理盐水溶解沉淀物,加入2‰ Na_2CO_3 0.25 mL,调pH在7左右,再加0.025 mol/L $CaCl_2$ 3 mL,用玻棒将凝结的纤维蛋白挑去,剩下的溶液即为凝血酶溶液。

第十章 血液循环

实验一 人体心音听诊

【实验目的】

学习心音听取方法,结合触诊心尖搏动或颈动脉脉搏,了解正常心音的产生原理和特点,学会分辨第一心音和第二心音,为临床听诊心音奠定基础。

【实验原理】

心音是瓣膜关闭及血液流动撞击心室壁引起的振动所产生的声音。心音可通过周围组织传到胸壁,将听诊器置于心前区的胸壁上,可直接听取心音。在每一个心动周期中,通常可听到两个心音,即第一心音和第二心音。第一心音发生在心缩期的开始,音调低,持续时间相对较长,在心尖搏动处(心尖部)听得最清楚;第二心音发生在心舒期的开始,音调较高,持续时间较短,在心底部听得清楚。

【实验对象】

人。

【实验器材和药品】

听诊器。

【实验方法和步骤】

1. 确定听诊部位
(1) 受试者解开上衣,面向亮处静坐,检查者坐在对面。
(2) 肉眼观察(或用手触诊)受试者心尖搏动位置与范围。
(3) 参照图 10-1,认清心音听诊的各个部位。
二尖瓣听诊区:左锁骨中线内侧第 5 肋间处(心尖搏动处)。

三尖瓣听诊区:胸骨右缘第 4 肋间处或胸骨剑突下。

主动脉瓣听诊区:胸骨右缘第 2 肋间处(主动脉瓣第一听诊区)或胸骨左缘第 3、4 肋间(主动脉瓣第二听诊区)。

肺动脉瓣听诊区:胸骨左缘第 2 肋间处。

2. 听心音

(1) 检查者戴好听诊器,以右手的拇指、食指和中指轻持听诊器胸器,置于受试者胸

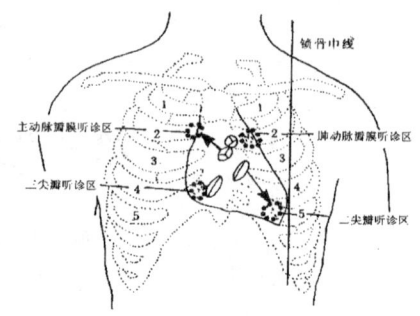

图 10-1　心音听诊部位示意图

壁上(不要过紧或过松)。通常按逆时针方向依次听诊:心尖部(二尖瓣区)—肺动脉瓣区—主动脉瓣区—主动脉瓣第二听诊区—三尖瓣区。在心前区的每个听诊区都可以听到两个心音,注意区分第一心音和第二心音。

(2) 区分两个心音。听取心音的同时,可用手触诊心尖搏动或颈部搏动。与此搏动同时出现的心音即为第一心音,此外,再根据心音性质(音调高低、持续时间)、间隔时间、仔细区分第一心音与第二心音。

(3) 比较不同部位上两个心音的声音强弱。

【实验要求与注意事项】

(1) 室内保持安静。如果呼吸音影响听诊时,可嘱受试者暂停呼吸(屏气)。

(2) 听诊器耳件方向应与外耳道一致(向前),胶管勿与其他物品摩擦,以免发生杂音,影响听诊。

(3) 听诊的顺序:

① 按逆时针方向依次听诊:心尖部(二尖瓣区)—肺动脉瓣区—主动脉瓣区—主动脉瓣第二听诊区—三尖瓣区。听诊一般从心尖部开始,肺动脉瓣区第二心音清楚,可作为辨别第一、第二心音最可靠的依据,并以此区分收缩期和舒张期,因此选择肺动脉瓣区随心尖部后听诊。

② "8"字形听诊:心尖部(二尖瓣区)—主动脉瓣区—肺动脉瓣区—三尖瓣区,主要依据是瓣膜损害和杂音出现的概率,二尖瓣区最高,主动脉瓣其次,肺动脉瓣和三尖瓣的器质性损害少见。

【分析与思考】

(1) 心音听诊区是否就在各个瓣膜的相应解剖位置上?为什么?

(2) 如何区分第一、第二心音?

实验二　心电监护技术

【实验目的】

(1) 了解监护仪的电源、传感器的连接,面板按钮及监护仪系统操作菜单。
(2) 了解心电、呼吸、血压、血氧饱和度的检测原理。
(3) 掌握心电、呼吸、血压、血氧饱和度的监护方法及报警值的设置。

【实验原理】

随着医学技术的发展,心电监护仪广泛用于临床的病情的监控。其监测到的生理参数除给医护人员提供客观依据,对早期发现病情变化、预防并发症的发生起到了重要的指导作用,还使医护人员更快、更好地对病情有变化的病人采取有效的治疗措施和治疗手段,达到保证患者安全的目的。

心电监护仪是可以同时对病人的心电图、呼吸、血压、体温、脉搏等生理参数进行精密测试的医学仪器设备,它很直观地将需要检测和监控的数据显示到显示器上,供医务人员对病人的病情进行判定和治疗。每个可以监控的生理参数一般都设置了安全值,起参考和比对的作用,如病人的实际值不在安全值之内,就会自动报警。

监护仪可以分为中央监护仪和床边监护仪。

一台中央监护仪通常可以通过电缆或无线连接 6～8 台床边监护仪,病人的各种生命体征由床边监护仪监护,中央监护仪一般放在护士工作站内,通常能多道显示各床边监护仪送来的信号;在发生报警时能自动储存该时刻前后一段时间内的相关信号,在需要的时候可在打印机上打印出来。中央监护仪也能对各床边监护仪的监护项目进行设置。

床边监护仪直接与病人相连,通过电极、传感器获得各种生理信息。监护仪所监护的信号常有心电、血压、呼吸、体温、心输出量、血氧浓度、呼气末二氧化碳分压等,不同的监护仪有不同的配置。

1. 心电的监护

心电是最基本的监护参数,几乎所有的监护仪都有心电监护,心电监护的项目有心率显示、心率上下限报警、心电波形的实时显示。心电监护仪还应有心律不齐检测、S-T 段分析、回忆波形显示、趋势图分析、电极脱落报警、电源故障处理、数据储存和传送等功能,可以有多个通道同时记录多个导联。心电信号的获取方法与心电图机是相同的,但为了便于监护,胸部监护导联采用得比较多。

监护仪中的心电放大模块如图 10-2 所示,通常做成一个插件,插入母板作为监护仪的一部分。其中信号调理电路包括放大及增益调节、滤波、脉冲抑制、电极脱落检测等电路。经前置放大器初步放大后的心电信号还需进一步放大到足够大以便于作 A/D 转换，一般要将信号放大到伏特级。

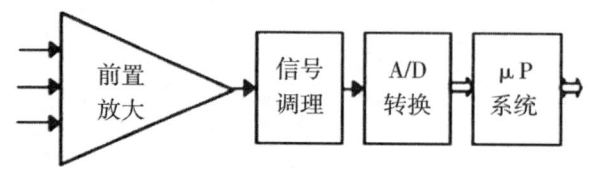

图 10-2　监护仪中的心电放大模块

在监护过程中，病人的有些活动及电极安放的时间较长等原因较易引起基线漂移，因此做监护时的频率响应常选择为 0.5～40 Hz，很多监护仪上的频率响应设有"监护"和"诊断"以供选择。由于在监护过程中有时会使用除颤器等设备，所以需要脉冲抑制电路来防止高压脉冲对电路产生影响。

目前一般都是将心电信号放大后做 A/D 转换，变成数字信号后由计算机软件进行分析处理。这些处理包括数字滤波、R 波检测、心率测算、报警阈值的设置，心律不齐的识别和报警以及心电各标志点的识别和在此基础上的各种分析。这些工作可以部分或全部在微处理器(μP)中完成。除此以外，微处理器还必须完成对信号调理电路的控制和与主计算机之间的数据通信(上传心电信号和有关检测数据，接受各种控制信号)。

2. 血压的监测

血压是一个重要的生命参数，是指血液对血管壁的侧压，这是一种压强(即单位面积上的压力)，而且通常是指相对大气压的相对压强。血压 100 mmHg 是指血压比大气压高 100 mmHg，测量血压时则是以大气压作为 0 mmHg。动脉血压测量的单位常用 mmHg，而静脉血压常用 cmH_2O。

3. 血氧饱和度的监测

血氧饱和度是血液中与氧结合的氧合血红蛋白(HbO_2)的量占全部可结合的血红蛋白(HbO_2＋Hb)容量的百分比，即血液中血氧的浓度，它是呼吸循环的重要生理参数。

脉动式光谱定量分析方法(该方法使用的仪器称为脉搏血氧仪)的灵敏度、精度、准确性和可靠性较高，已广泛应用于临床，成为无损检测的重要手段。

脉搏血氧仪根据郎伯-比尔定律采用光电技术进行血氧饱和度的测量，如图 10-3 所示。

图 10-3　脉搏血氧仪及其光电探头

4. 呼吸的监护

呼吸监护包括监测呼气容量、气道压力和呼吸频率。很多现代监护仪还监护呼气末二氧化碳分压。

(1) 呼吸容量。

呼吸容量以风叶为传感器，呼吸气流通过推动风叶转动，用红外线发射和接收元件探测风叶转速，经电子系统处理后显示潮气量和每分通气量。

(2) 气道压力。

将压电传感器置入并连通到气道，气流通过气道压迫传感器而产生相应的电信号，经电子系统处理以数字和图形显示。

(3) 呼吸频率。

呼吸频率是在单位时间内呼吸的次数。平静呼吸时，新生儿呼吸频率为60～70次/min，成人呼吸频率为12～18次/min。呼吸频率在监护中有阻抗式和热敏式两种测量方法。

阻抗式测量方法的原理如图10-4所示。

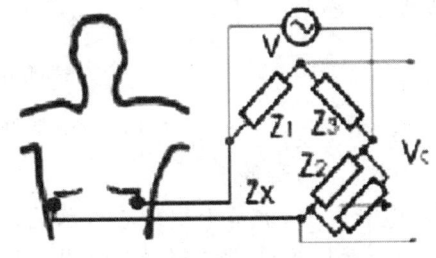

图10-4　阻抗式呼吸测量

【实验器材和药品】

多参数心电监护仪(图10-5)，心电导联线，电极片，生理盐水棉球，配套的血压袖带。

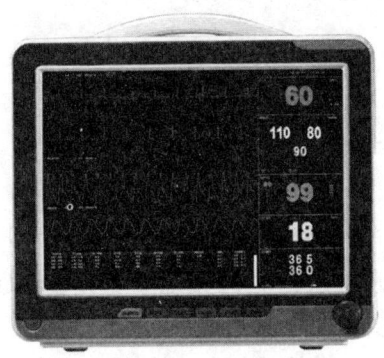

图10-5　多参数心电监护仪

【实验对象】

人。

【实验方法和步骤】

1. 心电监护

（1）连接心电监护仪电源。

（2）将患者处于平卧或半卧位。

（3）打开主开关。

（4）用生理盐水棉球擦拭患者胸部贴电极处皮肤。

五个导联电极安放位置如下。

RA 白色（右臂）：锁骨下，靠近右肩。

LA 黑色（左臂）：锁骨下，靠近左肩。

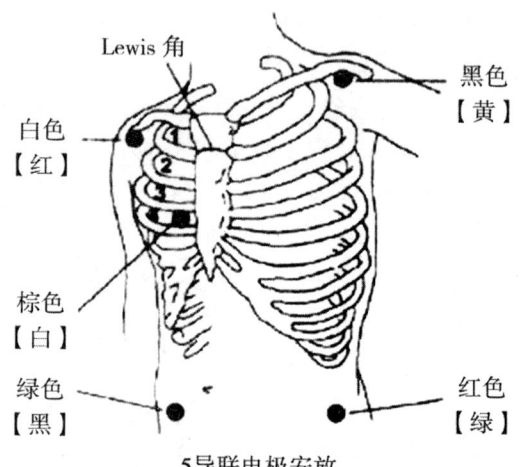

图 10-6　导联电极安放位置

RL 绿色（右腿）：右下腹。

LL 红色（左腿）：左下腹。

V 棕色（胸部）：如图 10-6 所示，胸壁上。

（5）贴电极片，连接心电导联线，屏幕上出现心电示波。

（6）将袖带绑在至肘窝上两横指处，按"测量"→"设置报警限"→"测量时间"。

（7）监护系统监测心电图时的主要观察指标如下：

① 定时观察并记录心率和心律。

② 观察是否有 P 波，P 波的形态、高度和宽度。

③ 测量 P-R 间期、Q-T 间期。

④ 观察 QRS 波形是否正常，有无"漏搏"。

⑤ 观察 T 波是否正常。

⑥ 注意有无异常波形出现。

2. 无创血压监测

选择合适的部位，固定血压计袖带，将有标志的箭头指向肱动脉搏动处，按"测量"键开始测量。

3. 血氧饱和度监测

血氧饱和度的测定是通过从传感器光源一方发射的光线有多少穿过病人组织（指甲或耳朵）到达另一方接收器来测定的。

不要将传感器放在有动脉导管或静脉注射管的肢体上，不要将血氧探头与血压测量放在同一肢体上。选择甲床条件好的手指。

如果存在碳氧血红蛋白、高铁血红蛋白或染料稀释化学品,则可能有偏差。

注意指甲遮住光线,探头线放置于手背。测量时手不能太冷,指甲上不要涂指甲油。

4. 呼吸监护

监护仪从两个电极的胸廓阻抗值测定呼吸,两个电极间的阻抗变化(由于胸廓活动)在屏幕上产生一道呼吸波。

5. 设定报警限

根据人体情况,在相对安全的范围内设定各报警限,打开报警系统。关掉不必要的声音,保证监测波形清晰、无干扰。

6. 观察

观察运动、呼吸、体位等因素变化对各参数的影响。

7. 停止监护

关闭监护仪,撤去心电导联线、电极片及血压计袖带等。

【实验要求与注意事项】

(1) 正确安放电极片。

(2) 密切观察心电图波形,及时处理干扰和电极脱落。

(3) 报警系统应始终保持在打开状态,出现报警应及时处理。

(4) 血氧探头位置应与测血压手臂分开,以免在测血压时阻断血流而测不出血氧。

【分析与思考】

(1) 心电监护时主要观察哪些指标?

(2) 分析心电监护时心电监护屏未出现波形的原因。

实验三　人体动脉血压的测定

【实验目的】

学习间接法(听诊法和触诊法)测定动脉血压的原理,正确测定人体肱动脉的收缩与舒张压的正常值。

【实验原理】

动脉血压是指流动的血液对血管壁产生的侧压力。通常所说的动脉血压是指主动脉压,由于在大动脉中血压降落很小,所以临床上常用肱动脉血压代表主动脉血压。因此测量人体动脉血压采用间接测量法,测量部位通常为上臂肱动脉,其原理是使用血压计的袖带在动脉外施加压力,根据血管内血液流动的声音变化来测量血压,这种方法是俄国学者 Kopotkob 首创,故称 Kopotkob(Koroukoff)氏听诊法。通常血液在血管内流动时没有声音,如果血

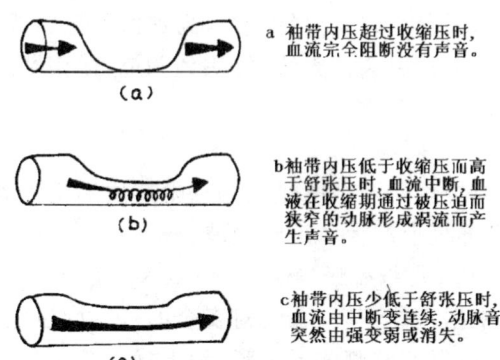

图 10-7 人体动脉血压测定原理示意图

流经过狭窄处形成涡流,则发出声音。当缠于上臂的袖带内的压力超过收缩压时,完全阻断了肱动脉内的血流,此时听不到声音也触不到桡动脉脉搏(图 10-7(a))。当袖带内压力比肱动脉的收缩压稍低的瞬间,血液只能在血压达到收缩压时,才能通过被压而变窄的肱动脉,形成涡流,发出声音,可在肱动脉远端听到声音,也可触到桡动脉脉搏(图 10-7(b)),此时袖带内的压力读数即为收缩压。当袖带内压力愈接近于舒张压时,通过的血量愈多,并且血流持续时间愈长,听到的声音越来越强而清晰。当袖带内压力降至等于或稍低于舒张压瞬间,血管内血流便由断续变为连续,声音突然由强变弱或消失,脉搏随之恢复正常(图 10-7(c)),此时袖带内压力即为舒张压。

【实验对象】

人。

【实验器材和药品】

血压计、听诊器。

【实验方法和步骤】

1. 熟悉血压计的结构

血压计有两种类型,一种是汞柱式血压计,另一种为弹簧表式血压计(图 10-8),前

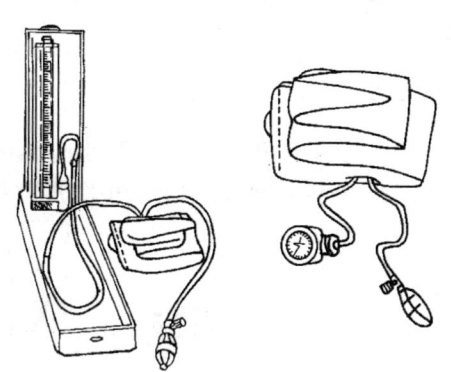

图 10-8 两种血压

者较为精确,后者便于携带。两种血压计均由检压计、袖带和橡皮球三部分组成。汞柱式血压计的检压计是一个标有 0~40 kPa(0~300 mmHg)刻度的玻璃管,上端与大气相通,下端与水银槽相通。弹簧表式血压计的检压计的外形颇似钟表,正面盘上标有 2.66~39.90 kPa 刻度,盘中央有指针用以指示血压数值。袖带是一个外包布套的长方形橡皮囊,借橡皮管分别和检压计的水银槽及橡皮球相通。橡皮球是一个带有螺丝帽的球状橡皮囊,供充气或放气之用。

2. 测量动脉血压的方法（图10-9）

(1) 让受试者静坐桌旁 5～10 min，全身放松。脱去右臂衣袖（常取右上臂，一般右上臂的动脉血压较左上臂的高出 0.67～13.3 kPa），肘关节轻度弯曲，手掌向上，置实验桌上，使前臂与心脏同高（坐位时平第四肋间）。

(2) 血压计置于同一平面上，松开血压计的橡皮球上的螺丝帽，驱出袖带内的残留气体后将螺丝帽旋紧。

(3) 将袖带缠绕该上臂，袖带下缘至少位于肘关节上 2 cm 处，缠带松紧适宜（能放进 2～3 指），开启水银槽开关。

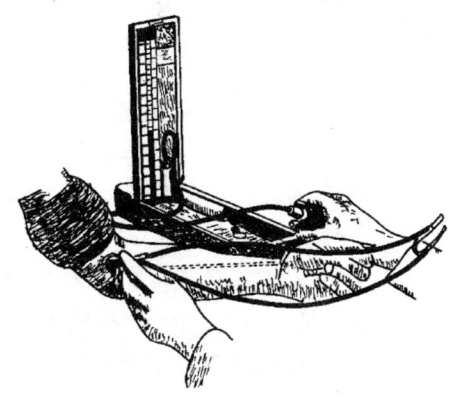

图 10-9 血压测定

(4) 将听诊器两耳器塞入外耳道，务必使耳器的弯曲方向与外耳道一致。

(5) 在肘窝内侧用手触及肱动脉脉搏所在部位，将听诊器胸器放置其上。

3. 观察项目

(1) 测量收缩压。挤压橡皮球将空气打入袖带内，使血压表上水银柱逐渐上升到听诊器听不到脉搏音为止，继续打气使水银柱再升 2.66～3.99 kPa（20～30 mmHg）。随即松开气球螺丝帽，徐徐放气，其速度以每秒下降 0.27～0.67 kPa（2～5 mmHg）为宜。在水银柱缓缓下降的同时仔细听诊，在开始听到"崩崩"样的第一声脉搏声音时，此时血压表上所示水银柱刻度即收缩压。

(2) 测量舒张压。使袖带继续缓缓放气，这时声音有一系列变化，先由低到高，然后由高突然变低，最后则完全消失。在声音由强突然变弱这一瞬间，血压表上所示水银柱刻度即代表舒张压；也可以声音突然消失时血压计所示水银柱刻度代表之。如以后者为舒张压值时，需另加 0.67～1.33 kPa（5～10 mmHg）为妥。

(3) 如果认为所测数值正确，则以一次测定为准；如果认为所测数值不正确，则可间隔数分钟重复测定一次或两次。血压记录常以收缩压/舒张压 kPa（或 mmHg）表示之（例如 16/10～9.3 kPa，16 kPa 代表收缩压值，10 kPa 代表声音突然由强变弱时的舒张压值，9.3 kPa 代表声音消失时的舒张压值）。

4. 触诊法

按触桡动脉脉搏来测定肱动脉的收缩压，操作与听诊法基本相同，所不同者系以手指先按触桡动脉脉搏，再用橡皮球打气使袖带充气，压迫肱动脉，直到桡动脉脉搏消失为止，再缓慢放气到开始出现脉搏时，血压表上所示的刻度即代表收缩压。按触桡动脉脉搏测得的收缩压值比听诊法稍低，且此法仅能测出收缩压，不能测出舒张压。

【实验要求与注意事项】

(1) 室内必须保持安静,以利于听诊。

(2) 测量血压前需嘱受试者至少休息 5~10 min,因体力劳动及精神紧张均可影响血压。

(3) 测量血压时,不论采取坐、卧体位,上臂位置必须与心脏同一水平,且上臂不能被衣袖所压迫。

(4) 听诊器胸件放在肱动脉搏动位置上面时不能压得太重,更不能压在袖带底下进行测量,还必须注意听诊器胸器不能接触过松而听不到声音。

(5) 动脉血压通常连测 2~3 次,取其最低值。重复测定时,袖带内的压力必须降至 0 后再打气。

(6) 发现血压超出正常范围时,应让受试者休息 10 min 后复测。在受试者休息期间,可将袖带解下。

【分析与思考】

(1) 正常男、女成人的血压值是多少?你组同学测得的血压值是否正常?

(2) 根据你的操作,你认为哪些因素可影响血压的测定?

(3) 测量左侧和右侧肱动脉血压时其血压值是否相同?为什么?

(4) 运动前后血压有何不同?其机理如何?

实验四　心血管活动的神经体液调节

【实验目的】

(1) 学习家兔动脉血压的直接描记法。

(2) 以动脉血压为指标观察多种神经及体液因素对心血管活动的调节作用。

【实验原理】

心脏受交感神经与副交感神经节后纤维的支配。心交感神经兴奋时,其末梢释放去甲肾上腺素,作用于心脏组织的 β_1 受体,使心率变快,传导加速,心肌收缩力增强,以致心输出量增加,动脉血压上升。心迷走神经兴奋时,其末梢释放乙酰胆碱,作用于心脏组织(主要为窦房结、房室交界与心房肌)的毒蕈碱型(M)受体,使心率变慢,心房肌收缩力减弱,房室传导速度减慢,心输出量减少,动脉血压下降。血管平滑肌绝大多数受交感神经节后纤维支配,兴奋时其末梢释放递质去甲肾上腺素,主要作

用于血管平滑肌的 α 受体使血管收缩,外周阻力增大,血压升高。在正常机体内,心血管活动还受体液因素的影响,其中肾上腺素和去甲肾上腺素起重要作用。肾上腺素对 α 和 β(包括 $β_1$ 和 $β_2$)受体都有激动作用,对于心脏,可使心跳加快、加强,心输出量增加。它对血管的影响取决于受体的类型,一般情况下,小剂量肾上腺素主要引起体内血液重分布,对总外周阻力影响不大;但大剂量肾上腺素亦可使外周阻力增高。去甲肾上腺素主要激活 α 受体,其作用主要引起外周血管广泛收缩,通过外周阻力增加而使动脉血压升高,对心脏的直接作用较小,而且在外源性给予时常因明显的升压作用而通过压力感受性反射引起心率变慢。

生理状态下,机体血压的相对稳定主要依赖于颈动脉窦和主动脉弓压力感受性反射。当动脉血压发生变化时,颈动脉窦与主动脉弓压力感受器受到的牵张刺激发生变化,传入冲动分别沿窦神经后加入舌咽神经、主动脉神经后加入迷走神经(在家兔,主动脉神经自成一束,称为降压神经)传向延髓的心血管中枢,通过调整心迷走紧张、心交感紧张和交感缩血管紧张的变化,使心血管的活动发生相应改变,从而保持动脉血压的相对稳定。本实验通过改变压力感受器的传入冲动、刺激反射弧的传入和传出神经、注射肾上腺素和去甲肾上腺素,观察神经及体液性因素对动脉血压的调节作用。

【实验器材和药品】

BL-420F 生物机能实验系统,压力换能器,"Y"形气管插管,动脉插管,双凹夹,铁架台,三通管,刺激电极,双极保护电极,兔手术台,哺乳动物手术器械一套,动脉夹 2 个,注射器(1 mL 2 个,5 mL、20 mL 各 1 个),棉线,有色丝线,纱布,棉球,20% 氨基甲酸乙酯(乌拉坦),0.5% 肝素生理盐水,生理盐水,1/10 000 去甲肾上腺素,1/1 000 肾上腺素。

【实验对象】

家兔。

【实验方法和步骤】

1. 麻醉与固定动物

取家兔一只,称重,用 20% 氨基甲酸乙酯经耳缘静脉缓慢注射(5 mL/kg),然后将家兔仰卧位固定于兔手术台上。

2. 手术准备

剪去家兔颈前部的被毛,沿颈部正中剪开皮肤及皮下筋膜,用止血钳钝性分离出气管,做倒"T"形切口,插入"Y"形气管插管,并用棉线结扎固定,余线可结扎固定于气管插管分叉处,以防滑脱。拉开气管两旁的肌肉,暴露并分离出左右两侧的血管神经束(颈动脉鞘),细心辨别并分离出减压神经(最细)、颈交感神经、迷走神经(最粗)

和颈总动脉(图10-10),分别穿上不同颜色的丝线备用。

3. 插动脉插管(图10-11)

分离左侧颈总动脉,在颈总动脉下穿两条线。在左颈总动脉近心端夹一动脉夹(尽可能靠近心脏夹闭),然后用一条备用线结扎其远心端(尽可能靠近头端结扎),然后在动脉紧靠结扎处的近心侧用眼科剪作一斜形切口(注意:剪刀稍放平,切勿将动脉剪断)。将动脉插管由切口向心脏方向插入血管,将备用线扎紧固定,余线可结扎固定于插管上的橡皮圈上,以防滑脱。

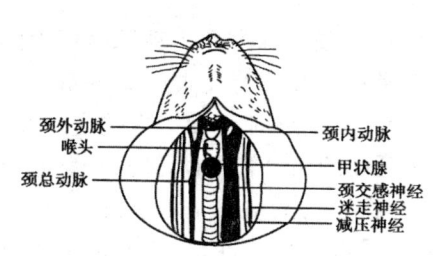

图10-10 家兔颈部解剖示意图

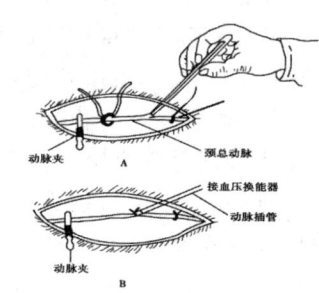

图10-11 家兔颈总动脉插管示意图

4. 仪器连接

用双凹夹将压力换能器固定于铁架台上,使换能器位置与心脏大致在同一水平上,将换能器输入端连于BL-420F生物机能实验系统信号第一通道输入插口(CH1)。换能器的另一端与动脉插管相连(动脉插管和压力换能器内先充入肝素抗凝)。实验装置如图10-12所示。

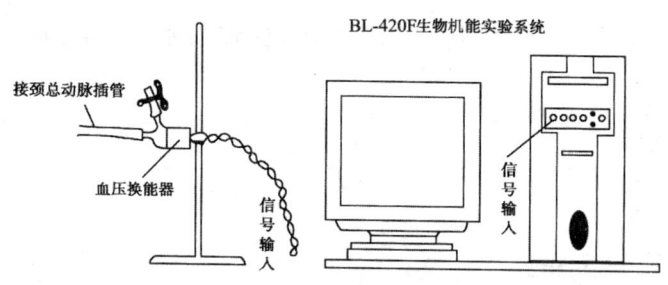

图10-12 记录血压的实验装置

5. 仪器调试

打开计算机,进入BL-420F生物机能实验系统操作界面,由菜单栏"实验项目"→"循环实验"→"兔动脉血压调节"。观察时慢慢放开动脉夹,记录正常血压曲线。

6. 观察项目

(1) 观察正常血压和心搏曲线(图10-13),识别一级波和二级波,观察有无三级波。

① 一级波(心搏波):由心室舒缩引起的血压波动。心缩时上升,心舒时下降。

曲线疏密表示心率快慢。

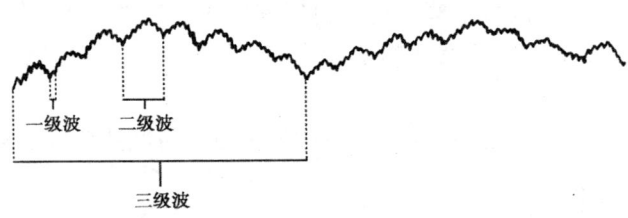

图10-13 正常动脉血压描记曲线

② 二级波（呼吸波）：由呼吸运动引起的血压波动。吸气时先下降后上升，呼气时先上升后下降。

③ 三级波（中枢波）：可能是由于心血管中枢紧张性的周期性变化而引起，不常出现。

（2）牵拉颈总动脉。手持左侧颈总动脉远心端上的结扎线向下牵拉5 s，观察血压与心搏的变化。

（3）夹闭颈总动脉。提起右颈总动脉的备用线，用动脉夹夹闭颈总动脉5～10 s，观察血压与心搏的变化。

（4）刺激降压神经。持备用线轻轻提起右侧降压神经，将其搭在保护电极（刺激电极）上，然后启动连续刺激（以中等强度5～10 V，频率为30 Hz，波宽为2 ms的连续电刺激）刺激降压神经，观察血压与心搏的变化。

（5）刺激迷走神经。用备用线结扎迷走神经，于结扎处的头端剪断。然后用中等强度的刺激去刺激迷走神经的外周端，观察血压与心搏的变化。

（6）颈交感神经的作用。首先观察家兔两耳血管网的血管粗细、密度和颜色情况，然后结扎左侧颈交感神经，并在结扎处的心脏侧（中枢端）剪断该神经，稍等片刻后，观察左耳的血管网与右耳有何不同。再用中等强度的刺激去刺激左交感神经的头侧端（外周端），观察左耳血管网的变化。停止刺激后，稍等片刻再观察左耳血管网出现的变化。

（7）静脉注射肾上腺素。从家兔耳缘静脉注射1/1 000的肾上腺素0.2～0.3 mL，观察血压与心搏的变化。

（8）静脉注射去甲肾上腺素。从家兔耳缘静脉注射1/10 000的去甲肾上腺素0.2～0.3 mL，观察血压与心搏的变化。

【实验要求与注意事项】

（1）麻醉时，进针应从耳缘静脉远端开始。

（2）推注麻醉药物时要缓慢，并随时观察动物的反应，防止动物死亡。

（3）手术操作要小心准确，避免损伤神经、血管。分离神经、血管时，应尽量保持其解剖关系的正常，最先分离降压神经和交感神经。

(4) 实验前应检查动脉插管口斜面是否光滑,检查压力换能器有无漏水等。
(5) 每进行一个项目后,须等心搏与血压恢复正常后方可进行下一项目。
(6) 实验过程中应随时注意动物的状态(如麻醉深度),动脉插管的位置是否扭转、有无漏血等。
(7) 给动脉插管时,一定注意结扎牢固,防止插管滑脱造成大出血。

【分析与思考】

(1) 夹闭颈总动脉引起血压变化的原因有哪些?如何验证和排除?
(2) 刺激迷走神经外周端,血压下降,停止刺激后为何有时出现反跳现象?
(3) 试述降压神经在血压调节中的作用。切断动物双侧窦神经和主动脉神经后,血压会发生什么变化?其原因是什么?
(4) 肾上腺素和去甲肾上腺素的作用有何不同?为什么?
(5) 静脉注射肾上腺素,血压常出现先高后低,然后逐渐恢复,其原因是什么?

实验五 人体体表心电图的描记和分析

【实验目的】

(1) 初步学习人体体表心电图的描记方法,辨认正常心电图的波形。
(2) 了解人体正常心电图各波的生理意义及心电图的测量方法。

【实验原理】

心脏的正常起搏点是窦房结。心脏在每一次周期性活动中,都是由窦房结产生兴奋,经心脏的特殊传导系统依次传向心房、心室。因此心肌的电位变化具有一定的规律性。心脏犹如一个悬浮于容积导体中的"发电机",其兴奋和传播时发生的电变化可通过体内组织和体液这一容积导体传至体表。在体表,按一定的引导方法,把这些电位变化记录下来,所得到的图形称为心电图。心电图可以反映心脏的综合电位变化的发生、传导和消失过程,但与心脏的机械收缩活动无直接关系。临床上利用心电图可以方便地进行起搏点的分析、传导功能的判断以及房室肥大、心肌损伤等的诊断。正常心电图因测量电极位置和导联方式不同,波形有所不同,但一般包括 P 波、QRS 波群和 T 波三个波形和两个间期。P 波反映两心房去极化过程,QRS 波群反映两心室去极化过程,T 波反映两心室复极化过程,P-R 间期指心房开始兴奋至心室开始兴奋的传导时间,S-T 段代表心室的缓慢复极期(相当于动作电位的平台期),Q-T 间期为心室兴奋开始去极化到完全复极至静息状态的时间。

【实验器材和药品】

心电图机,检查床,导电膏,分规,放大镜,75%酒精棉球。

【实验对象】

人。

【实验方法和步骤】

1. 熟悉心电图机的基本结构和使用性能

(1) 心电图机的基本结构有以下三个主要部件:电流计、放大器和记录装置。

① 电流计:可以反映心脏不断变化的电流。

② 放大器:可以将心脏兴奋时的微弱电流加以放大,再引入电流计,以便记录或观察。

③ 记录装置:将电流计中测出的电流在心电图纸上记录下来。

(2) 心电图机的主要控制旋钮及其作用:

① 导联选择开关:用于选择导联,一般有Ⅰ、Ⅱ、Ⅲ、aVR、aVL、aVF、V_1、V_2、V_3、V_4、V_5 和 V_6 档。

② 记录开关:一般分为三档,即准备、观察和记录。在准备档时,热笔电源切断,放大器输入封闭,热笔不偏转。在观察档时,热笔接通电源,放大器开放,热笔偏转。在记录档时,开始走纸。使用前后及变换导联时,应置于准备档。

③ 定标电压钮:按此钮可得到方形标准电压。

④ 衰减开关:分为 2、1 和 1/2 三档,一般将 1 档按下。按下 1/2 档时,灵敏度减小一半。1 档时,1 mV 定标电压偏转 10 mm。

⑤ 走纸速度开关:一般有 25 mm/s 和 50 mm/s 两档,一般使用 25 mm/s 档。

⑥ 基线调节旋钮:旋动此钮时,基线上下移动,一般将描笔置于中间位置。此外,心电图机还应该排除交流电和肌电的干扰。

2. 操作准备

(1) 接好心电图机的电源线、地线和导联线,预热 3~5 min。

(2) 受试者仰卧,全身肌肉放松,在安置电极的两手腕部、两下肢踝关节和胸前皮肤用 75% 酒精棉球擦干净并涂少许导电膏,安

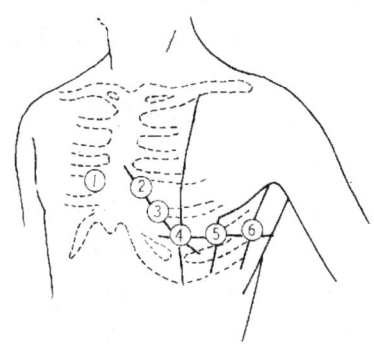

图 10-14 胸导联电极安放部位示意图意图

放好引导电极,接上导联线,导联线连接方法是:红色—右手,黄色—左手,绿色—左足,黑色—右足(接地),白色—胸导联。胸导联的电极位置如图 10-14 所示。

(3) 校正输入信号电压放大倍数。1 mV 标准电压使描笔振幅恰好为 10 mm (10 小格)。

(4) 描记各导联心电图。用导联选择开关分别选择标准肢体导联 Ⅰ、Ⅱ、Ⅲ, 加压单极肢体导联 aVR、aVL、aVF, 胸导联 V_1、V_3、V_5 进行描记。

(5) 取下心电图记录纸, 进行分析。

3. 心电图分析

(1) 以标准Ⅱ导联为例, 辨认 P 波、QRS 波群、T 波、P-R 间期、Q-T 间期、S-T 段 (图 10-15)。

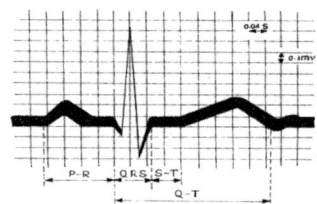

图 10-15 心电图各波测量

(2) 测量每种波的波幅和时间。

① 波幅: 纵坐标代表电压, 每小格代表 0.1 mV。凡向上的波形, 其波幅应从基线的上缘测量至波峰的顶点; 凡向下的波形, 其波幅应从基线的下缘测量至波谷底。

② 时间: 横坐标代表时间, 一般每小格代表 0.04 s。

(3) 心率的测定。测量相邻的两个心动周期中的 P 波或 R 波的间隔时间, 按下列公式计算, 求出心率。如心动周期之间的时间间距显著不等时可将五个心动周期的 P-P 间隔时间或 R-R 间隔时间加以平均, 取平均值, 代入公式:

$$心率 = 60/R\text{-}R\ 间期(次/min)$$

成年人正常窦性心律的心率为 60~100 次/min。

(4) 心律的分析: 包括主导节律的判定; 心律是否规则整齐; 有无期前收缩或异位节律。

窦性心律的心电图表现为: P 波在 Ⅰ、Ⅱ、aVF、V_4~V_6 导联中直立, 在 aVR 导联中倒置, P-R 间期在 0.12~0.20 s。如果心电图中最大 R-R 间期和最小 R-R 间期限相差在 0.12 s 以上, 称为心律不齐。

(5) 心电图各波段的分析。

测量导联中 P 波、QRS 波群、T 波的时间和电压幅值, 并测定 P-R 间期和 Q-T 间期的时间, 各波段的正常值如表 10-1 所示。

表 10-1 心电图各波段的正常值

名 称	时 间	电 压	形 态
P 波	Q≤0.01 s	Ⅰ、Ⅱ、Ⅲ<0.25 mV aVF,aVL<0.25 mV $V_1 \sim V_5$<0.15 mV V_1、V_2 双向时 其总电压<0.2 mV	Ⅰ、Ⅱ、aVF、$V_4 \sim V_6$ 直立,aVR 倒置； Ⅲ、aVL、$V_1 \sim V_3$ 直立、平坦、双向或倒置
P-R 间期	0.12~0.20 s		
QRS 波	Q<0.04 s, 总时间为 0.06~0.1 s	Q<1/4 RaVR<0.5 mV RaVL<1.2 mV RaVF<2.0 mV Rv<1.0 mV；V_1 r/s<1 Rv<2.5 mV；V_5 r/s>1 Rv+Sv<1.2 mV Rv+Sv<4.0 mV(男) Rv+Sv<3.5 mV(女)	aVR 呈 Qr、rS 或 rSr 型； V_1 呈 Rs 型； V_5 呈 Rs、qRs、qR 或 R 型
S-T 段		Ⅰ、Ⅱ、aVL、aVF、$V_4 \sim V_6$ 抬高不超过 0.1 mV；压低不超过 0.05 mV；$V_1 \sim V_3$ 抬高不超过 0.3 mV	
T 波		>1/10 R(R 波为主的导联)	Ⅰ、Ⅱ、$V_4 \sim V_6$ 直立 aVR 倒置； Ⅲ、aVL、aVF、$V_1 \sim V_3$ 直立、平坦或倒置
Q-T 间期	<0.04 s		
U 波	0.1~0.3 s	肢导联<0.05 mV 心前区导联<0.03 mV	其方向应与 T 波一致

【实验要求与注意事项】

(1) 受试者应静卧数分钟,肌肉尽量放松,平静呼吸,防止寒冷引起肌紧张。

(2) 电极和皮肤应紧密接触,以防干扰和基线漂移。

(3) 记录心电图时,先将基线调至中央,在纸的中央描记图形。防止造成基线不稳和干扰的因素,否则应先排除后再描记。

(4) 记录完毕后,将电极擦净,心电图面板各控制旋钮转回原处,最后切断电源。

【分析与思考】

（1）QRS 波群和 T 波分别代表心室的去极化和复极化，如何与心室肌细胞的单相动作电位对应起来？

（2）正常情况下，T 波的方向和 QRS 波群主波方向一致，如何解释？

（3）心房有无复极化波？如有，相当于心电图的哪个部分？

第十一章 呼吸

实验一 呼吸运动的调节

【实验目的】

学习呼吸运动的记录方法，观察神经和体液因素对呼吸运动（包括呼吸频率、节律、幅度）的影响。

【实验原理】

呼吸运动是呼吸肌舒缩活动完成的节律性运动，该节律性运动在呼吸中枢的控制下保持正常的深度和频率。体内外多种刺激可通过不同机制作用于呼吸中枢，引起呼吸运动的改变。肺牵张反射参与呼吸节律的调节，其传入纤维在迷走神经中，切断迷走神经将会引起呼吸节律的变化。

【实验对象】

家兔。

【实验器材和药品】

BL-420F 生物机能实验系统，张力换能器，兔手术台，哺乳动物手术器械 1 套，玻璃分针，气管插管，50 cm 长橡皮管 1 条，注射器（20 mL、5 mL 各 1 支），球胆 1 只，20%氨基甲酸乙酯，3%乳酸，N_2，生理盐水。

【实验方法和步骤】

1. 手术准备

由兔耳缘静脉缓慢注入 20%氨基甲酸乙酯（5 mL/kg），待动物麻醉后仰卧固定于手术台上，沿颈部正中切开皮肤，分离气管并插入气管插管，分离出颈部两侧迷走神经，穿线备用。

2. 描记呼吸运动

(1) 流量换能器记录法：将流量换能器通过胶管与"Y"形气管插管一侧相连，将流量换能器连接在 BL-420F 生物机能实验系统前面板的 1 通道输入接口上，保护电极连接到刺激输出接口。

(2) 腹壁运动记录法：这是一种较简便的记录呼吸运动的方法，即用一带线的金属钩直接钩起剑突下方腹壁活动较明显的皮肤，线的另一端连接张力换能器。

(3) 膈肌运动描记法：在剑突下方沿腹白线作一长 3~4 cm 的切口，小心地将剑突表面组织剥离，暴露出剑突与胸骨柄，使剑突完全游离（注意不能剪得过深，以免造成气胸或剪断下面附着的膈肌），此时可见剑突软骨完全随膈肌舒缩而上下移动。用长线穿过剑突软骨并结扎或用一带线的金属钩挂住软骨，线的另一端连至张力换能器，信号输入至 BL-420 生物机能实验系统，以描记呼吸曲线。此种描记方法可很好地反映呼吸频率、呼吸深度及呼吸的停止状态，缺点是在动物移动或稍有挣扎时，基线变化较大，需要再次调整描记系统。

3. 仪器调试

打开计算机，进入 BL-420 生物机能实验系统操作界面，由菜单条实验项目→呼吸实验→呼吸运动的调节。

4. 观察项目

(1) 描记正常呼吸曲线：先记录一段正常呼吸曲线，注意曲线的上下移动与呼气、吸气的关系，并观察呼吸运动的频率、节律和深度。

(2) 增加吸入气中 CO_2 的浓度：一同学深吸一口气后，尽可能长时间憋气后将气体吹入球胆内，将球胆管口靠近"Y"形气管插管的一侧管开口处，打开球胆管上的夹子，使家兔吸入气中 CO_2 含量增多（气流速度不宜过急，以免影响描记结果），观察呼吸运动的变化。然后夹闭球胆，观察呼吸运动恢复正常的过程。

(3) 缺 O_2：将球胆内充入纯 N_2 后，将球胆管口靠近"Y"形气管插管的一侧管开口处，打开球胆管上的夹子，使家兔吸入纯 N_2 而造成缺氧（气流速度不宜过急，以免影响描记结果），观察呼吸运动的变化。然后夹闭球胆，观察呼吸运动恢复正常的过程。

(4) 增大无效腔：把 50 cm 长的橡皮管连接在气管插管的一侧，使动物通过长管进行呼吸，观察呼吸运动的变化。待呼吸发生明显变化后，去掉橡皮管，使呼吸恢复正常。

(5) 增加血液中的 H^+ 浓度：用 5 mL 注射器由耳缘静脉较快地注入 3% 的乳酸 2 mL，记录呼吸运动的变化过程。

(6) 切断迷走神经：描记一段对照呼吸曲线后，切断一侧迷走神经，观察并记录呼吸运动的变化。再切断另一侧迷走神经，观察呼吸频率和深度又有何变化。

【实验要求与注意事项】

(1) 掌握影响呼吸运动的主要体液因素和作用途径；了解迷走神经在呼吸运动

中的作用。

（2）记录各观察项目的曲线时，改变实验条件之前都必须有一段平稳的呼吸曲线作为对照。

（3）游离剑突时，切口不宜过大过深，以防形成气胸。

（4）记录呼吸运动的连线应与张力换能器垂直，使牵拉的力量比较集中；拉线不宜过紧或过松，否则会影响曲线的描记。

（5）观察项目(3)、(4)中，因实验条件的改变会使通气阻力有所增加，所以在分析结果时应考虑这方面的影响。

【分析与思考】

（1）分析各项实验结果，缺 O_2、CO_2 及乳酸增多时对呼吸的影响机制有何不同。

（2）迷走神经在节律性呼吸运动中起何作用？

第十二章 尿的生成和排出

实验一 影响尿生成的因素

【实验目的】

掌握膀胱插管或尿道导尿管插入以及输尿管插管等基本的手术方法；了解引导兔尿液的生理学实验方法；观察某些神经、体液因素对尿生成的影响，以加深理解尿生成过程和影响尿生成因素的作用机制。

【实验原理】

尿的生成过程包括肾小球滤过、肾小管和集合管重吸收及肾小管和集合管的分泌、排泄过程。肾小球滤过作用受滤过膜通透性、肾小球有效滤过压和肾小球血浆流量等因素的影响。肾小管和集合管重吸收受小管液的溶质浓度和血液中抗利尿激素（血管升压素）及肾素-血管紧张素-醛固酮系统等因素的影响。凡能影响上述各种因素者，均可影响尿的生成。

【实验器材和药品】

BL-420F 生物机能实验系统，记滴器，电刺激器，压力换能器，保护电极，哺乳动物手术器械 1 套，兔手术台，膀胱漏斗，输尿管导管（或细塑料管），注射器（2 mL 和 20 mL）及针头，试管，试管架，酒精灯，培养皿，纱布，棉绳，手术线，手术灯，生理盐水，20% 氨基甲酸乙酯溶液，20% 葡萄糖溶液，1∶10 000 去甲肾上腺素，垂体后叶素，速尿，0.6% 酚红溶液，10% NaOH 溶液，0.1% 肝素溶液，尿糖试纸。

【实验对象】

家兔。

【实验方法和步骤】

1. 麻醉与固定

称量家兔体重,用20%氨基甲酸乙酯溶液(5 mL/kg体重)经家兔耳缘静脉缓慢注射,麻醉后将其仰卧位固定于兔手术台上。

2. 手术准备

(1) 颈部手术。剪去家兔颈前部被毛,在颈前正中作一长约4~6 cm的切口,分离气管,插入气管插管,用棉线结扎固定。分离左侧颈总动脉和右侧迷走神经,分别穿线备用。

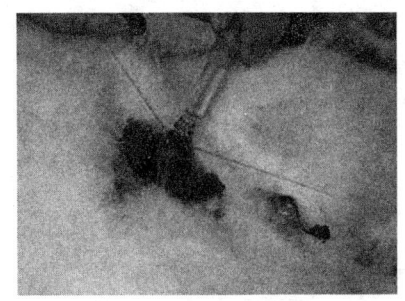

图12-1　膀胱插管法

(2) 尿道导尿管插入法。暴露家兔尿道外口(雄兔为主,雌兔需正确分辨出尿道和阴道外口),将长30 cm的橡胶导尿管头端均匀涂抹液状石蜡,由尿道外口向膀胱方向插入,插入过程中转动导尿管方向和深度,直至尿液从导尿管中滴出。导尿管插入的深度由于家兔大小不一、雌雄不同而异,一般导入的深度为5~7 cm。

(3) 膀胱插管法。剪去下腹部膀胱区被毛,从耻骨联合处向上沿正中线作一长约4 cm的切口,沿正中腹白线切开腹壁,用手轻轻将膀胱翻至体外(勿使肠管

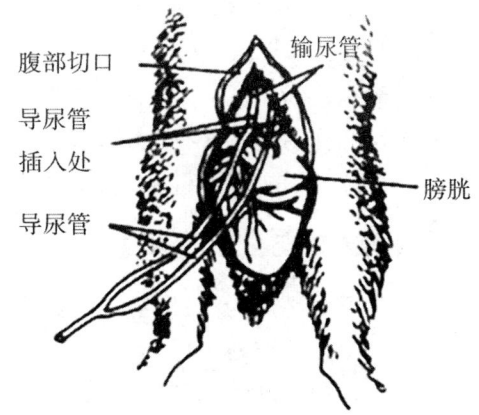

图12-2　输尿管插管法

外露,以免血压下降)。再于膀胱底部找出两侧输尿管,确认无误后,小心地从两侧输尿管下方穿一丝线,将膀胱上翻,结扎尿道(不可扎闭或压迫输尿管)。然后在膀胱顶部选择血管较少处剪一小口,插入膀胱漏斗,用手术线将漏斗根部结扎固定(图12-1)。漏斗口应对着输尿管开口处并紧贴膀胱壁。膀胱漏斗收集的尿液经引流管流出,由记滴器记录。手术完毕,用止血钳夹闭切口,或用温生理盐水纱布覆盖腹部创口,以防体热散失。

(4) 输尿管插管法。在耻骨联合上方沿正中线向上作5 cm长的皮肤切口,沿腹白线切开腹壁,打开腹腔,将膀胱翻出腹腔外,暴露膀胱三角,仔细辨认输尿管,并将输尿管与周围组织轻轻分离,避免出血。用线将输尿管近膀胱端结扎,在结扎之上部剪一斜切口,把充满生理盐水的细塑料插管向肾脏方向插入输尿管内,用线结扎固定,进行导尿,可看到尿液从细塑料管中慢慢地逐滴流出(图12-2)。手术完毕后用温热的生理盐水纱布将腹部切口盖住,以保持腹腔内温度和湿度。将细塑料管连至

记滴器或直接从插管外口记尿液的滴数。

3. 信号输入

在左颈总动脉插入充满抗凝剂(枸橼酸钠或肝素溶液)的动脉插管,插管经压力换能器连至 BL-420 生物机能实验系统 1 通道,准备记录血压的变化(在实验开始前勿将动脉夹打开)。由记滴器记录尿量的变化。

4. 仪器调试

打开计算机,进入 BL-420 生物机能实验系统操作界面,选择菜单栏实验项目→泌尿实验→尿生成的影响因素。检查一切装置完好后,放开动脉夹,记录血压。

5. 观察项目

(1) 记录正常的血压和尿量(滴/min)作为对照数据。

(2) 由耳缘静脉徐徐注入 38 ℃生理盐水 20 mL,观察血压和尿量的变化。

(3) 待尿量基本恢复后,刺激迷走神经外周端,使血压维持在 50 mmHg (6.67 kPa)左右的低水平约 15~20 s,观察尿量的变化。

(4) 静脉注射 38 ℃ 20%葡萄糖溶液 5 mL,观察尿量的变化。

(5) 静脉注射 1∶10 000 去甲肾上腺素 0.3~0.5 mL,观察血压和尿量的变化。

(6) 静脉注射速尿 1~2 mL,观察尿量的变化。

(7) 静脉注射垂体后叶素 0.3~0.5 mL,观察血压和尿量的变化。

【实验要求与注意事项】

(1) 复习肾小球的滤过、肾小管和集合管的重吸收和分泌过程及其影响因素。

(2) 熟悉尿的浓缩和稀释、逆流倍增和逆流交换的机制。

(3) 实验前最好给家兔喂食足量的青菜,否则应在手术时给予静脉补液。

(4) 各项实验的顺序安排是在尿量增加的基础上进行减少尿生成的实验。而且应等前一项影响因素基本消失、尿量基本恢复后再实施下一步新的项目操作。

(5) 实验需多次静脉注射,应保护好耳缘静脉。静脉注射尽量从耳缘静脉远心端开始,逐步向近心端移行;亦可保留耳缘静脉输液用的头皮针,方便静脉给药。

(6) 使用膀胱漏斗引流尿液时,操作要轻柔;引流管的记滴端应低于膀胱端。实验若无尿或尿量极少,应检查膀胱是否扭转而压迫了输尿管或结扎尿道时是否误扎了输尿管。

【分析与思考】

(1) 分析各项结果产生的机制。

(2) 静脉注射 1∶10 000 去甲肾上腺素后,有时尿量变化不大是何原因?

(3) 动脉血压升高,尿量是否一定增加?血压降低,尿量是否一定减少?为什么?

(4) 在本实验中,哪些因素影响肾小球滤过?哪些因素影响肾小管和集合管的重吸收和分泌?

第五篇　虚拟实验

第十三章　虚拟实验介绍及操作指南

一、虚拟实验介绍

1. 实验目的

主要向学生介绍虚拟动物实验的内容、性质，告诉学生在实验中应当注意什么，观察的内容，实验的最终目的，所需要掌握的知识等内容。

2. 实验原理与方法

通过电脑或者智能手机连接网络后，进入虚拟实验软件操作系统平台，里面详细介绍了虚拟实验的操作方法、操作步骤、注意事项等内容。通过虚拟实验中详细介绍的实验中常用的仪器设备和各种工具，让学生对这些仪器工具及实验过程有一个基本的了解和熟悉。

二、教师用户操作指南

（1）输入网址：yxxnsyjxzx.henu.edu.cn/virlab/，在用户登录框输入教师账号和密码，显示如下界面，如图13-1所示。

图 13-1 教师登录界面

(2) 点击"管理桌面",进入到"我的桌面",点击"我的课程",进入"学习进度"界面,如图 13-2 所示。在此可以查看所管理的所有课程以及每一种课程里所有学生的综合学习记录。在"教师团队"看到李老师和冯老师均对这三个实验有管理权限。

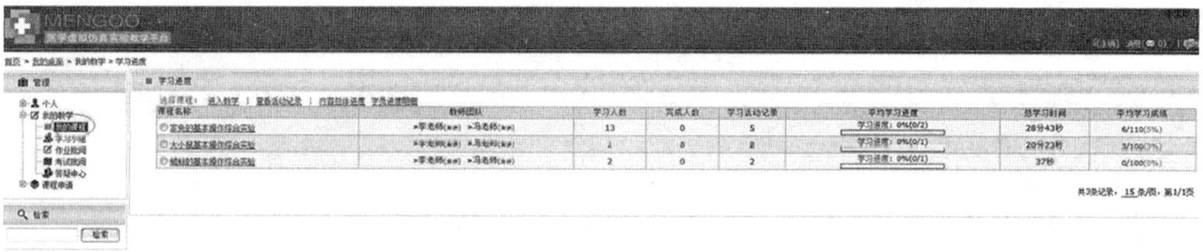

图 13-2 "学习进度"界面

(3) 如果在"教师团队"显示更多的老师,也就是管理员把这个实验分给了更多的老师,那么这些老师都对这个课程有管理权限,"教师团队"里面就会显示,如图 13-3 所示。目前是默认所有老师能够管理所有实验,能够看到每一个实验的"学习人数、完成人数、学习活动记录"等。

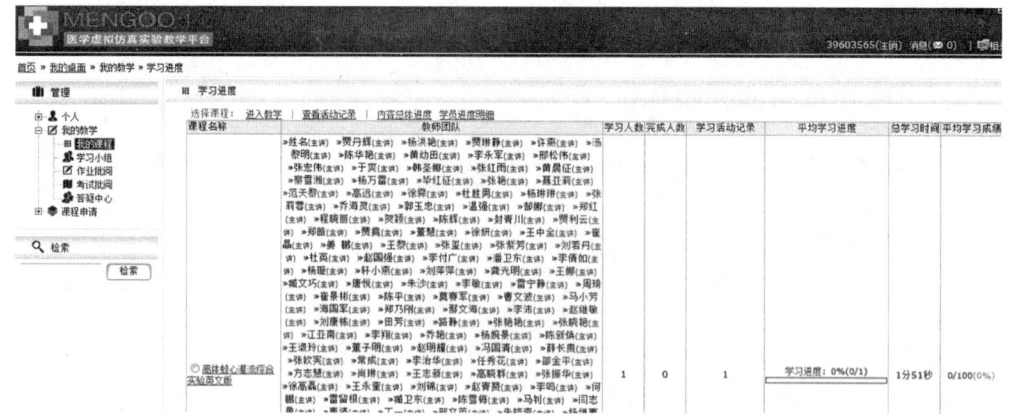

图 13-3 显示教师团队

第五篇　虚拟实验　107

（4）直接选中某一个实验项目（图13-4）。例如选中家兔的基本操作综合实验或检索"家兔"（因为版面会根据"教师团队"的变化以及实验课程的变化而变化，当页面显示不完整的时候可通过检索关键字找到某一个实验项目，如图13-5所示）。

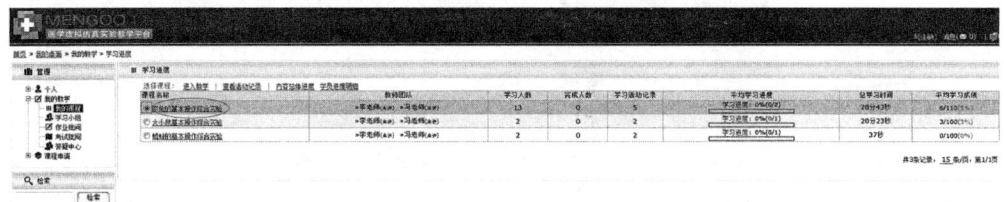

图13-4　选中一个实验项目

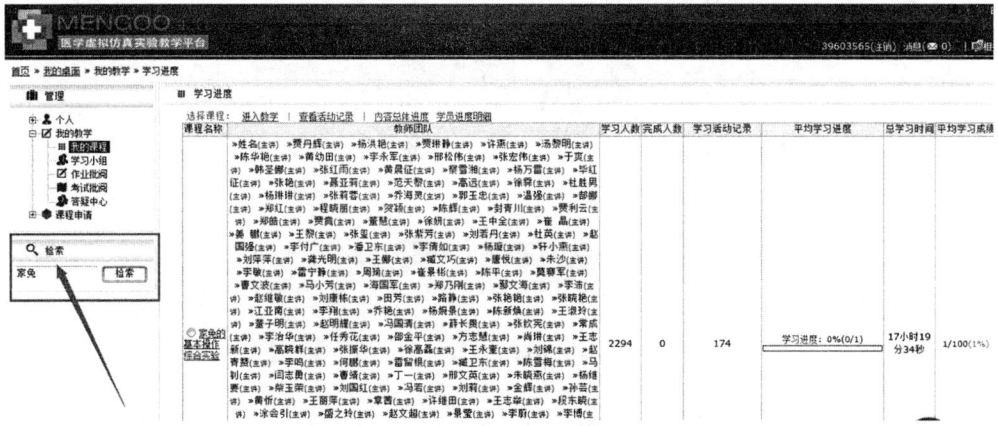

图13-5　检索实验项目

（5）点击"进入教学"，如图13-6所示。

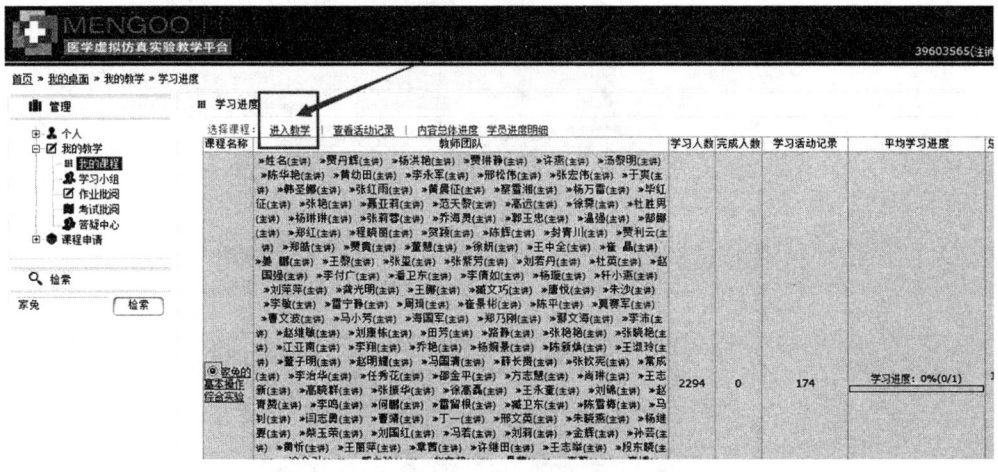

图13-6　进入教学

（6）点击"进入虚拟实验操作"——点击"全屏"按钮即可开始进行操作学习或引

导学生进行线上学习，如图 13-7 所示。

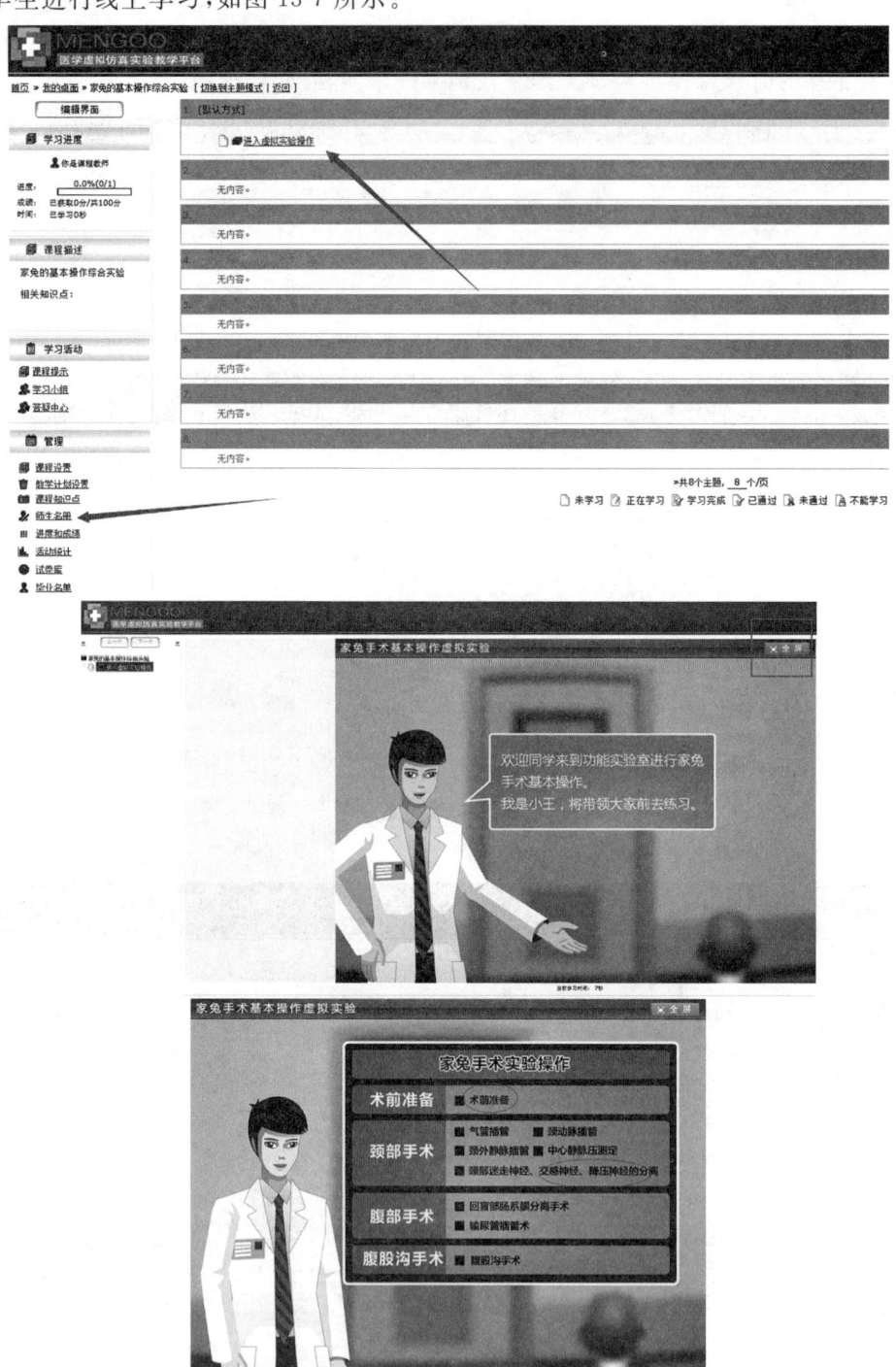

图 13-7　进入虚拟实验操作

(7) 进入实验操作界面后,根据提示按照实验步骤一步一步往下做,如图 13-8 所示。

图 13-8　实验步骤

(8) 点击"师生名册",如图 13-9 所示。

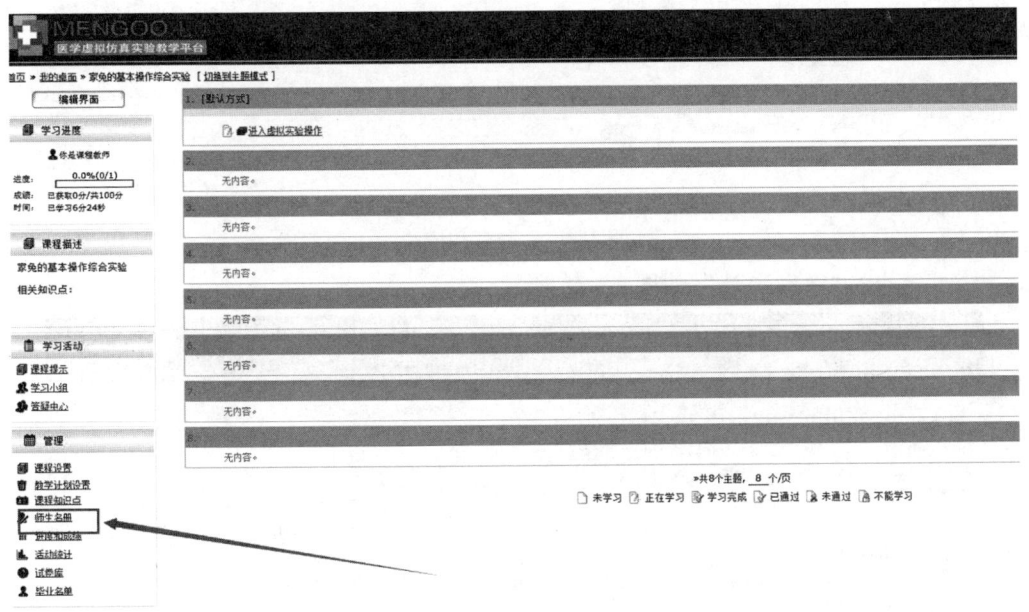

图 13-9　师生名册

(9) 进入课程用户管理界面后,可以从下方添加用户栏→选中学生→点击"添加",添加到自己的学员库里(目前我们已经默认把所有学生用户都添加到学员了,不需要老师再进行这一步操作),如图 13-10 所示。

110　　医学生理学实验

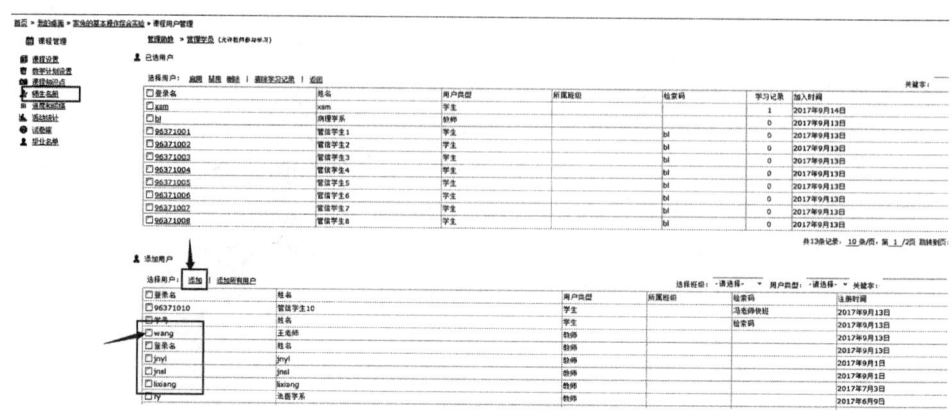

图 13-10　管理学员

（10）点击"进度和成绩"，进入到学员成绩统计界面，可查看针对该实验所有学员的学习进度统计，如图 13-11 所示。

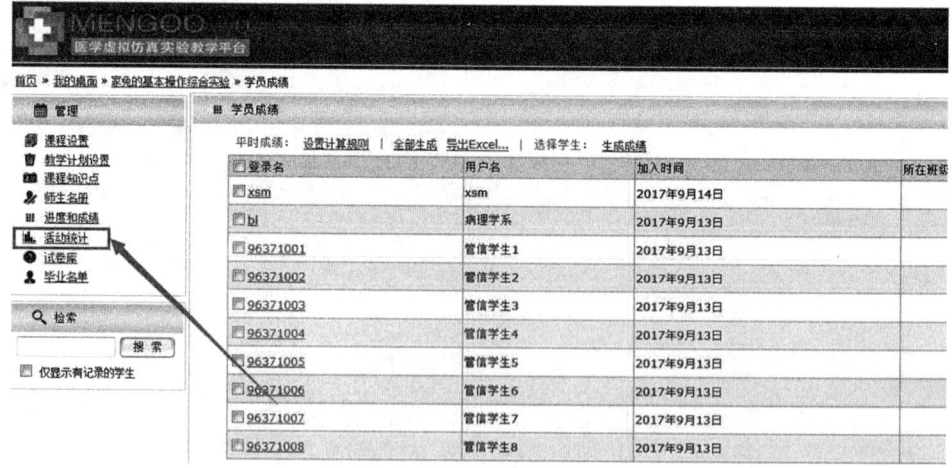

图 13-11　进度和成绩

（11）点击"活动统计"，如图 13-12 所示。

图 13-12　活动统计

（12）可查看针对该项目所有来访人员的操作记录，如图 13-13 所示。

第五篇　虚拟实验　　111

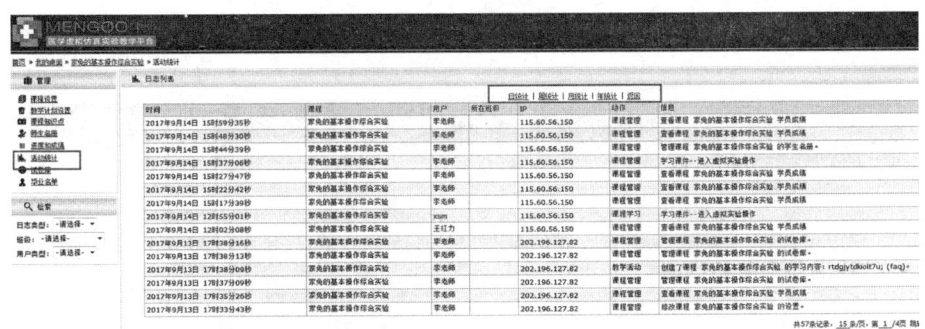

图 13-13　查看操作记录

（13）点击日统计、周统计、月统计、年统计，如图 13-14 所示。

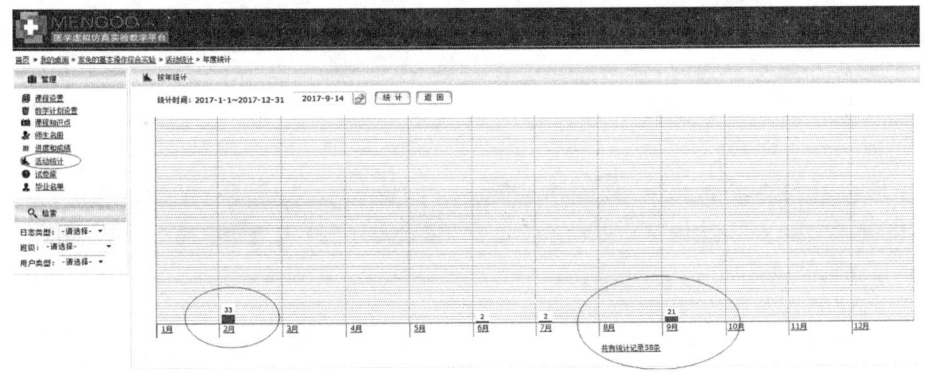

图 13-14　活动统计

三、学生操作指南

（1）输入网址：yxxnsyjxzx. henu. edu. cn/virlab/，用户登录框内输入学生账号和密码（账号和密码均默认为学生的学号，例如，学号：123，密码：123），如图 13-15 所示。

图 13-15　学生登录界面

（2）点击"管理桌面"→"我的课程"，可以看到所有能学习的实验项目，如图13-16所示。

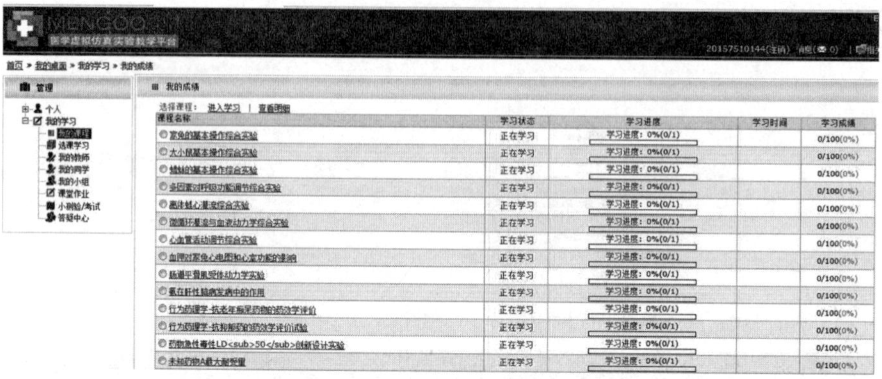

图 13-16 "我的课程"界面

（3）点选其中一个实验项目（例如：点选家兔的基本操作综合实验）→"进入学习"，如图 13-17 所示。

图 13-17 "进入学习"界面

（4）点击"进入虚拟实验操作"→"全屏"，就可以正式开始学习了，如图13-18、图13-19所示。

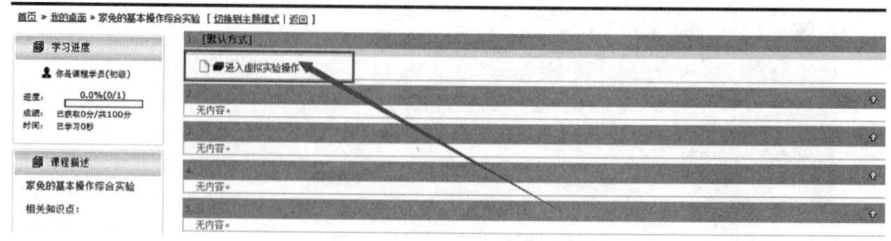

图 13-18 进入虚拟实验操作

第五篇　虚拟实验　113

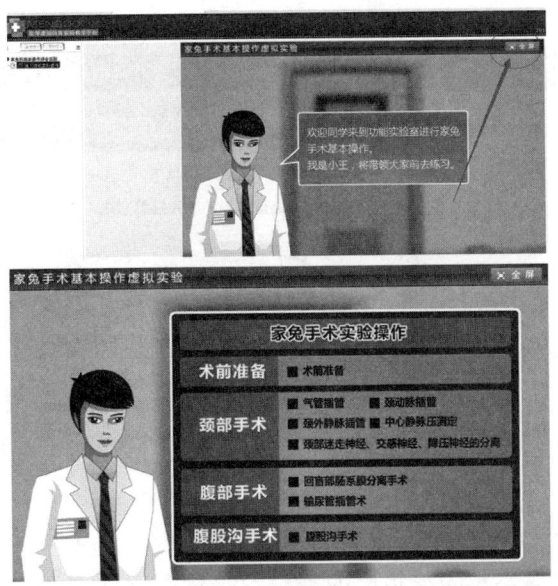

图 13-19　全屏

（5）随意选择一个小实验。如选择：术前准备，首先出现的是一个知识点考核，连线题（通过鼠标拖动连接即可，不正确的提交以后会提示错误并给出正确答案，回答正确的后台能够直接计分，每次操作以后成绩都会更新，学生可以不断地练习达到最高分，学生本人和主讲教师可以查看学习记录），如图 13-20 所示。

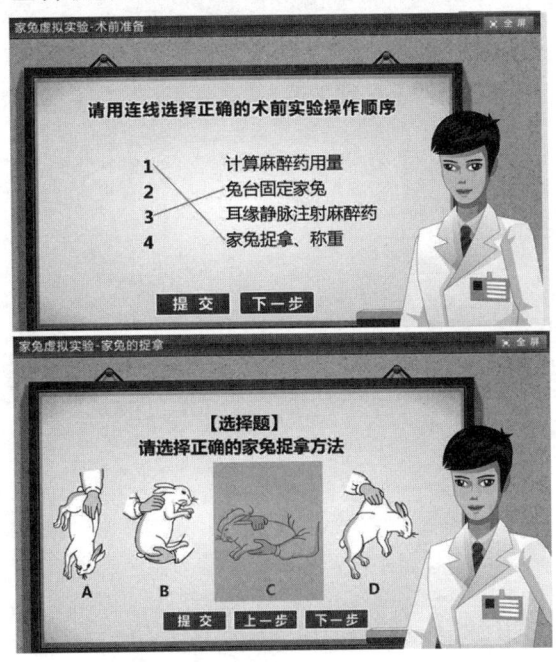

图 13-20　术前准备——连线题

(6) 点击"返回"可退出学习，如图 13-21 所示。

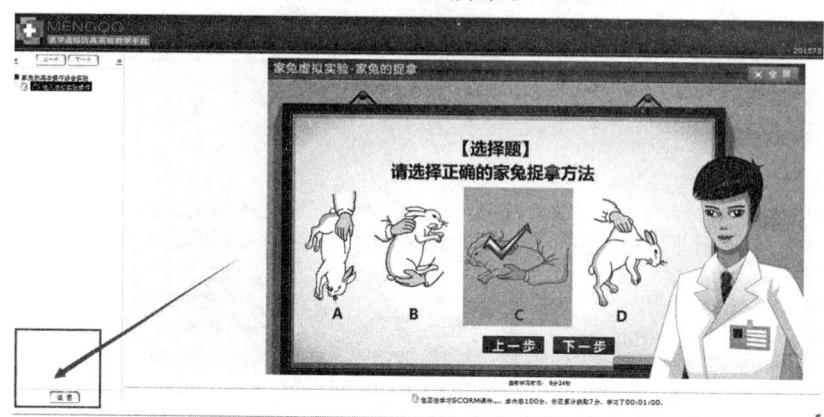

图 13-21　退出学习

(7) 退出学习后，点击"进度和成绩"可查看刚刚学习了多长时间以及目前的得分情况，主讲老师通过教师用户指南的第(10)步操作也能看到这个数据，如图 13-22 所示。

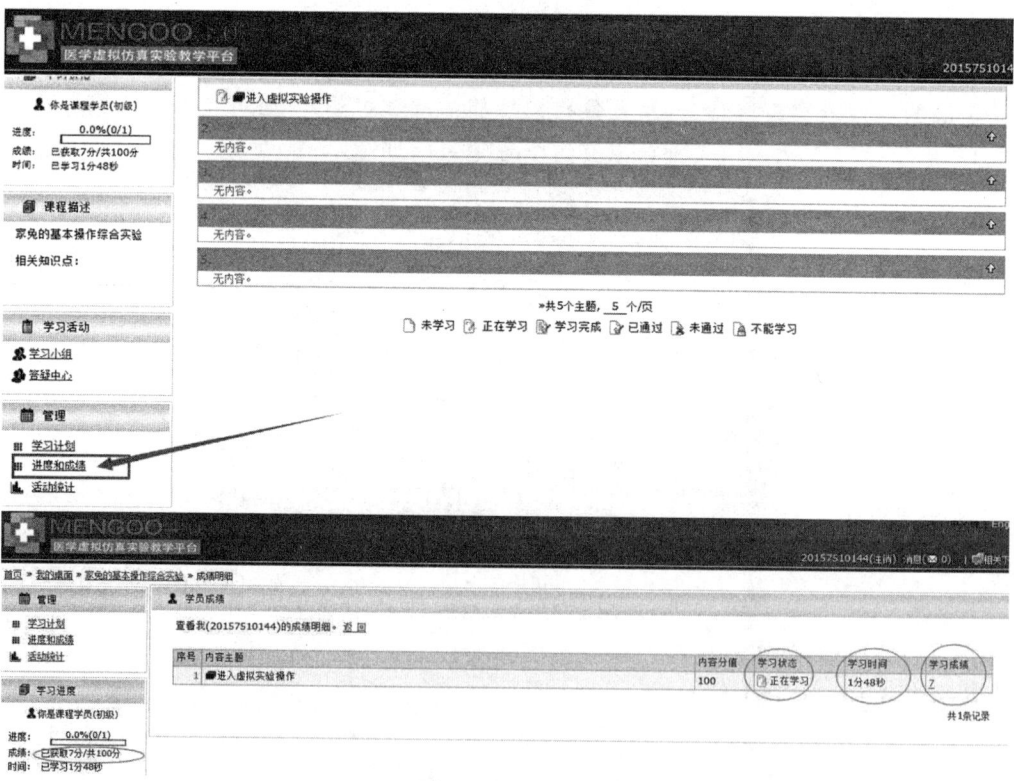

图 13-22　进度和成绩

第六篇　习题练习

第十四章　习题集

习题一　绪论

一、名词解释

1. 内环境（internal environment）
2. 稳态（homeostasis）
3. 反射（reflex）
4. 负反馈（negative feedback）
5. 正反馈（positive feedback）

二、填空题

1. 人体生理学是研究_____的科学，对生理学的研究可分为_____、_____和_____三个不同的水平。
2. 公元1628年英国医生_____的著作_____出版，标志着生理学开始成为一门独立的科学。
3. 人体功能的主要调节方式是_____、_____和_____。
4. 神经调节的基本方式是_____，其结构基础为_____，调节特点是

_____、_____和_____。

三、单项选择题

1. 机体内环境稳态是指（　　）
   A. 细胞外液理化因素保持不变
   B. 细胞内液理化因素保持不变
   C. 细胞外液理化性质在一定范围内波动
   D. 细胞内液理化性质在一定范围内波动
   E. 细胞内成分在一定范围内波动

2. 维持内环境稳态主要靠（　　）
   A. 体液调节　　　　　　　　B. 自身调节
   C. 正反馈调节　　　　　　　D. 负反馈调节
   E. 神经调节

3. 在自动控制系统中，从受控系统到达控制系统的信息称为（　　）
   A. 控制信息　　　　　　　　B. 偏差信息
   C. 反馈信息　　　　　　　　D. 反射信息
   E. 参考信息

4. 对体液调节特点的叙述，正确的是（　　）
   A. 调节幅度大　　　　　　　B. 调节敏感性强
   C. 作用范围广，而且持久　　D. 反应迅速、准确和短暂
   E. 作用范围局限，而且反应较慢

5. 机体处于寒冷环境时，甲状腺激素分泌增多是属于（　　）
   A. 神经调节　　　　　　　　B. 体液调节
   C. 自身调节　　　　　　　　D. 正反馈调节
   E. 神经-体液调节

6. 下列生理过程中，属于负反馈调节的是（　　）
   A. 排尿反射　　　　　　　　B. 降压反射
   C. 分娩　　　　　　　　　　D. 血液凝固
   E. 动作电位去极化

7. 下列生理过程中，属于正反馈调节的是（　　）
   A. 降压反射　　　　　　　　B. 排尿反射
   C. 屈肌反射　　　　　　　　D. 肺牵张反射
   E. 血糖浓度的调节

8. 下列各项调节中，属于自身调节的是（　　）
   A. 动脉血压在 80～160 mmHg 范围内变动时，肾血流量可保持相对恒定
   B. 全身动脉血压升高时，血压水平下降

C. 过度通气后,呼吸暂停

D. 水量摄入多时,尿量增加

E. 机体酸中毒时,泌酸增加

9. 下列实验中,属于慢性实验方法的是（　　）

    A. 离体蛙心灌流　　　　　　B. 狗食道造瘘假饲实验

    C. 临床胃液分泌实验　　　　D. 血液常规检查

    E. 输尿管插管引流尿液

四、多项选择题

1. 关于生理学这门学科,下列叙述正确的是（　　）

    A. 生物科学中的一个分支

    B. 医学的一门基础理论课程

    C. 研究生物体的生命活动及其活动规律的科学

    D. 主要从细胞分子、器官系统和整体三个方面研究生命活动的规律

    E. 与解剖学无关

2. 下列情况中不属于自身调节的是（　　）

    A. 一定范围内心肌纤维初长度愈长,收缩强度愈大

    B. 人过度通气后,呼吸暂停

    C. 动脉血压升高后,肾血流量相对稳定

    D. 人在寒冷环境中出现寒战

    E. 碱中毒,尿中泌 H^+ 减少

习题二　细胞的基本功能

一、名词解释

1. 易化扩散（facilitated diffusion）
2. 兴奋性（excitability）
3. 静息电位（resting potential）
4. 极化（polarization）
5. 动作电位（action potential）
6. 阈电位（threshold potential）
7. 阈强度（threshold intensity）
8. 前负荷（preload）

二、填空题

1. 氧和二氧化碳进出细胞膜的过程属于_____，进出的量主要取决于各自在膜两侧的_____。
2. 细胞膜转运物质时，根据其是否消耗能量可分为_____和_____两大类。
3. 细胞膜转运物质时不消耗能量的转运形式有_____和_____。
4. 经载体易化扩散的特点有_____、_____和_____。
5. 主动转运的特点是_____电-化学梯度和_____能量。
6. 钠-钾泵是镶嵌在细胞膜脂质中的一种_____，其本身具有_____作用，为 Na^+、K^+ 的主动转运提供_____。
7. 钠离子由细胞内向细胞外的转运属于_____能量的_____转运。
8. _____以及某些_____（组织）对刺激反应表现得特别明显，因而被称为_____可兴奋细胞（组织）。
9. 阈上刺激是使膜被动_____达到阈电位水平的外加刺激强度，而阈电位则是诱发动作电位的产生的膜本身的内在条件。
10. 当神经细胞受刺激使膜去极化达到_____水平时，_____通道大量开放，从而爆发动作电位。
11. Na^+ 通道在不同条件下有_____、_____和_____三种功能状态。
12. 局部兴奋的特点有_____、_____、_____。
13. 神经-骨骼肌接头处兴奋传递的递质是_____，与终板膜上_____相结合,主要引起_____内流和少量_____外流,使终板膜去极化,形成_____。

14. 骨骼肌收缩和舒张过程中,胞浆中 Ca^{2+} 浓度升高主要是由于 Ca^{2+} 从_____中释放;而 Ca^{2+} 浓度降低,主要是由于肌浆网膜结构中_____活动的结果。

三、单项选择题

1. 人体内 O_2、CO_2 和 NH_3 进出细胞膜是通过(　　)
   A. 单纯扩散　　　　　　　　B. 易化扩散
   C. 主动转运　　　　　　　　D. 入胞出胞
   E. 继发性主动转运

2. 肠上皮细胞由肠腔吸收葡萄糖是属于(　　)
   A. 单纯扩散　　　　　　　　B. 易化扩散
   C. 原发性主动转运　　　　　D. 继发性主动转运
   E. 入胞

3. 产生细胞生物电现象的离子跨膜移动属于(　　)
   A. 单纯扩散　　　　　　　　B. 载体为中介的易化扩散
   C. 通道为中介的易化扩散　　D. 入胞
   E. 出胞

4. 钠钾泵的作用是(　　)
   A. 将 Na^+ 泵出细胞外,将 K^+ 泵入细胞内
   B. 将 Na^+ 泵入细胞内
   C. 将 Na^+ 泵入细胞内,将 K^+ 泵出细胞外
   D. 将 Na^+ 和 K^+ 泵入细胞内
   E. 将 Na^+ 和 K^+ 泵出细胞外

5. 可兴奋细胞兴奋时,共有的特征是(　　)
   A. 递质释放　　　　　　　　B. 肌肉收缩
   C. 腺体分泌　　　　　　　　D. 反射活动
   E. 动作电位

6. 阈强度是指(　　)
   A. 用最小刺激强度,刚能引起组织兴奋的最短作用时间
   B. 保持一定刺激强度不变,能引起组织兴奋的最短作用时间
   C. 保持一定刺激时间和时间-强度变化率不变,引起组织发生兴奋的最小刺激强度
   D. 刺激时间不限,能引起组织兴奋的最小刺激强度
   E. 刺激时间不限,能引起组织最大兴奋的最小刺激强度

7. 神经细胞在接受一次阈上刺激后,其兴奋性的周期变化是(　　)

A. 相对不应期→绝对不应期→超常期→低常期
B. 绝对不应期→相对不应期→低常期→超常期
C. 绝对不应期→低常期→相对不应期→超常期
D. 绝对不应期→相对不应期→超常期→低常期
E. 绝对不应期→超常期→低常期→相对不应期

8. 神经细胞静息电位的大小接近于(　　)
   A. 钠平衡电位
   B. 钾平衡电位
   C. 钠平衡电位与钾平衡电位之和
   D. 钠平衡电位与钾平衡电位之差
   E. 锋电位与超射值之差

9. 人工增加离体神经纤维浸浴液中 K^+ 浓度,静息电位的绝对值将(　　)
   A. 不变
   B. 增大
   C. 减小
   D. 先增大后减小
   E. 先减小后增大

10. 神经细胞动作电位的幅度接近于(　　)
    A. 钾平衡电位
    B. 钠平衡电位
    C. 静息电位绝对数值与钠平衡电位之和
    D. 静息电位绝对数值与钠平衡电位之差
    E. 超射值

11. 动作电位的"全或无"现象是指同一细胞的电位幅度(　　)
    A. 不受细胞外 Na^+ 浓度影响
    B. 不受细胞外 K^+ 浓度影响
    C. 与刺激强度和传导距离无关
    D. 与静息电位值无关
    E. 与 Na^+ 通道复活的量无关

12. 当神经冲动到达运动神经末梢时,可引起接头前膜的(　　)
    A. Na^+ 通道关闭
    B. Ca^{2+} 通道开放
    C. K^+ 通道关闭
    D. Cl^- 通道开放
    E. Ca^{2+} 通道关闭

13. 骨骼肌收缩时,随之不缩短的有(　　)
    A. 肌小节
    B. 暗带
    C. 明带
    D. H 带
    E. 肌纤维

14. 兴奋通过神经-骨骼肌接头时,乙酰胆碱与 N-型 Ach 门控通道结合,使终板膜(　　)
    A. 对 Na^+、K^+ 通透性增加,发生超级化
    B. 对 Na^+、K^+ 通透性增加,发生去极化
    C. 仅对 K^+ 通透性增加,发生超级化

D. 仅对 Ca^{2+} 通透性增加，发生去极化

E. 对 Ach 通透性增加，发生去极化

15. 骨骼肌细胞中横管的功能是（　　）

    A. Ca^{2+} 储存库 B. Ca^{2+} 进出肌纤维的通道

    C. 营养物质进出肌细胞的通道 D. 将兴奋传向肌细胞深部

    E. 使 Ca^{2+} 和肌钙蛋白结合

16. 在强直收缩中，骨骼肌产生的动作电位（　　）

    A. 发生叠加或总和 B. 不发生叠加或总和

    C. 幅值变大 D. 幅值变小

    E. 频率变低

五、多项选择题

1. 电解质物质顺浓度差或电位差通过细胞膜时的扩散量取决于（　　）

    A. 膜两侧离子的浓度差 B. 膜对离子的通透性

    C. 离子所受的电场力 D. 离子的化学特性

    E. 离子通道的数目

2. 下列哪些指标可以反映组织的兴奋性（　　）

    A. 基强度 B. 阈值

    C. 阈强度 D. 阈电位

    E. 强度-时间曲线

3. 与细胞内液相比，细胞外液含有（　　）

    A. 较多的 Na^+ B. 较多的 K^+

    C. 较多的 Cl^- D. 较多的 Ca^{2+}

    E. 较多的有机负离子

4. 对单根神经纤维动作电位的幅度叙述，正确的是（　　）

    A. 不随刺激强度的变化而变化 B. 不随细胞外液 Na^+ 含量而改变

    C. 不随传导距离而改变 D. 不随细胞种类而改变

    E. 不随细胞的生理状态而改变

5. 前负荷对肌肉收缩影响的叙述，正确的是（　　）

    A. 一定范围内前负荷加大时，肌肉最大张力随之加大

    B. 超过最适前负荷时，肌肉最大张力随之减小

    C. 最适前负荷可使肌肉产生最佳收缩效果

    D. 最适前负荷使肌肉处于最适初长度

    E. 前负荷增大或减小时，肌肉初长度也随之增大或减小

习题三　血液

一、名词解释

1. 血细胞比容(hematocrit)
2. 晶体渗透压(crystal osmotic pressure)
3. 胶体渗透压(colloid osmotic pressure)
4. 可塑变形性(plastic deformation)
5. 渗透脆性(osmotic fragility)
6. 红细胞叠连(rouleaux formation)
7. 红细胞沉降率(Erythrocyte Sedimentation Rate，ESR)
8. 趋化性(chemotaxis)
9. 血小板黏附(platelet adhesion)
10. 生理性止血(hemostasis)
11. 血液凝固(blood coagulation)
12. 纤溶(fibrinolysis)
13. 血型(blood group)

二、填空题

1. 正常成年人的血量占体重的_____。
2. 血浆的pH值是_____，其缓冲对物质主要由_____组成。
3. 血液的比重主要取决于_____，其次_____。
4. 离心沉淀后的抗凝血液，上层是_____，下层是_____。
5. 正常成年男性血细胞比容是_____，女性是_____。
6. 血浆胶体渗透压主要由_____构成，血浆晶体渗透压主要由_____构成。
7. 影响毛细血管内外水平衡的主要因素是血浆_____渗透压，影响细胞内外水平衡的主要因素是血浆_____渗透压。
8. 红细胞的脆性越小，说明红细胞对低渗盐溶液的抵抗力越_____，越不易_____。
9. 正常成人血浆蛋白总量为_____，其中白蛋白为_____。
10. 正常成年男性红细胞(RBC)的数量是_____，女性是_____。
11. 正常成年男性血红蛋白(Hb)的数量是_____，女性是_____。

12. 红细胞生成的主要原料是_____和_____。
13. 红细胞成熟的主要因素是_____和_____。
14. 高原居民红细胞数较多,是由于缺氧而导致肾脏产生_____增多所致。
15. 正常成人白细胞数量是_____,血小板数量是_____。
16. 急性细菌性炎症的病人血中_____增多,肠虫病患者血中_____增多。
17. 大多数凝血因子是在_____合成的,其中因子Ⅱ、Ⅶ、Ⅸ、Ⅹ在合成过程中需要_____参与。
18. 以罗马数字编号的凝血因子中,存在于血浆以外的是_____,不是蛋白质成分的因子是_____。
19. 启动内源性凝血的因子是_____,启动外源性凝血的因子是_____。
20. 人体血液内的抗凝物质主要有_____和_____。
21. 红细胞上含有 A 凝集原者的血型可能是_____或_____血。
22. 血清中含有抗 A 凝集素者的血型可能是_____和_____血。
23. 某人的血清中不含有抗 A 凝集素,其血型为_____型;而血清中不含有抗 B 凝集素,其血型为_____型。

三、单项选择题

1. 低温库存较久的血液,血浆中离子浓度升高的是(　　)
   A. Cl^-　　　　　　　　　　B. Ca^{2+}
   C. K^+　　　　　　　　　　D. Na^+
   E. 有机负离子
2. 下列哪种缓冲对决定着血浆的 pH(　　)
   A. $KHCO_3/H_2CO_3$　　　　B. Na_2HPO_4/NaH_2PO_4
   C. $NaHCO_3/H_2CO_3$　　　　D. 血红蛋白钾盐/血红蛋白
   E. NaH_2PO_4/Na_2HPO_4
3. 下列情况中,血沉加快的是(　　)
   A. 红细胞比容大　　　　　　B. 血沉快的红细胞置于正常血浆
   C. 血浆白蛋白增多　　　　　D. 血浆球蛋白和纤维蛋白原增多
   E. 血浆中血红蛋白增多
4. 构成血浆胶体渗透压的主要成分是(　　)
   A. 白蛋白　　　　　　　　　B. 球蛋白
   C. 氯化钠　　　　　　　　　D. 纤维蛋白原
   E. 血红蛋白
5. 构成血浆晶体渗透压的主要成分是(　　)
   A. 氯化钾　　　　　　　　　B. 氯化钠
   C. 碳酸氢钾　　　　　　　　D. 钙离子

E. 镁离子

6. 维生素 B_{12} 和叶酸缺乏将导致（   ）
   A. 缺铁性贫血   B. 再生障碍性贫血
   C. 地中海贫血   D. 巨幼红细胞性贫血
   E. 溶血性贫血

7. 慢性少量失血引起的贫血是（   ）
   A. 缺铁性贫血   B. 再生障碍性贫血
   C. 地中海贫血   D. 巨幼红细胞性贫血
   E. 溶血性贫血

8. 在过敏反应时，数量明显增加的血细胞是（   ）
   A. 淋巴细胞   B. 嗜中性粒细胞
   C. 嗜酸性粒细胞   D. 嗜碱性粒细胞
   E. 单核细胞

9. 血管外破坏红细胞的主要场所是（   ）
   A. 肝和脾   B. 肝和肾
   C. 脾和骨髓   D. 肾和骨髓
   E. 胸腺和骨髓

10. 把正常人的红细胞放入血沉增快人的血浆中去，血沉会出现下述哪种情况（   ）
    A. 不变   B. 减慢
    C. 增快   D. 先不变，后增快
    E. 先不变，后减慢

11. 如将血沉增快人的红细胞放入血沉正常人的血浆中去，血沉会出现下述哪种情况（   ）
    A. 不变   B. 减慢
    C. 加快   D. 先不变，后加快
    E. 先不变，后减慢

12. 不属于生理性止血过程的是（   ）
    A. 血小板黏着于受损血管   B. 血小板聚集形成血小板血栓
    C. 参与血液凝固过程   D. 使凝血块液化脱落，恢复正常
    E. 血小板释放 5-羟色胺，使小血管收缩

13. 与血液凝固密切相关的成分是（   ）
    A. 白蛋白   B. 球蛋白
    C. 纤维蛋白原   D. 血红蛋白
    E. 肾素

14. 凝血过程中，内源性凝血与外源性凝血的区别在于（   ）

A. 凝血酶原激活物形成的始动因子不同

B. 凝血酶形成过程不同

C. 纤维蛋白形成过程不同

D. 因 Ca^{2+} 是否起作用而不同

E. 凝血酶的激活顺序不同

15. 纤维蛋白溶解系统的组成成分之一是（　　）

   A. 纤溶酶原　　　　　　　　B. 抗凝血酶 Ⅰ

   C. 抗凝血酶 Ⅲ　　　　　　　D. 肝素

   E. 维生素 K

16. 纤溶酶的特点是（　　）

   A. 特异性高,只水解纤维蛋白

   B. 特异性不高,对所有蛋白质类物质均有强烈水解作用

   C. 特异性高,只水解纤维蛋白原

   D. 特异性不高,主要水解纤维蛋白和纤维蛋白原,对因子 Ⅱ、Ⅴ、Ⅷ、Ⅹ、Ⅻ 等也有水解作用

   E. 主要水解因子 Ⅱ 和因子 Ⅹ

17. 50 kg 体重的正常人的体液量和血液量分别为（　　）

   A. 40.0 L 和 4.0 L　　　　　B. 30.0 L 和 3.5～4.0 L

   C. 20.0 L 和 4.0 L　　　　　D. 30.0 L 和 2.5 L

   E. 20.0 L 和 2.5 L

18. 具有变形性运动和吞噬能力,并参与激活淋巴特异性免疫功能的是（　　）

   A. 中性粒细胞　　　　　　　B. 嗜酸性粒细胞

   C. 嗜碱性粒细胞　　　　　　D. 单核巨噬细胞

   E. 淋巴细胞

19. O 型血的红细胞膜上含（　　）

   A. A 抗原　　　　　　　　　B. B 抗原

   C. D 抗原　　　　　　　　　D. A 和 B 抗原

   E. H 抗原

20. 对红细胞生成的叙述,错误的是（　　）

   A. 红细胞的主要成分是血红蛋白

   B. 制造血红蛋白的主要原料是叶酸和维生素 B_{12}

   C. 只有 Fe^{2+} 才能被肠上皮细胞吸收

   D. 促红细胞生成素主要在肾合成

   E. 雄激素可使红细胞数量增多

21. 父母一方为 A 型,另一方为 B 型,其子女可能的血型为（　　）

   A. 只有 AB 型　　　　　　　B. 只有 A 型和 B 型

C. 只可能是 A 型、B 型、AB 型　　D. 只可能是 AB 型或 O 型
E. A 型、B 型、AB 型、O 型都有可能

22. 使纤维蛋白分解成纤维蛋白降解产物的因素是（　　）
　　A. 第Ⅵ因子　　　　　　　　　B. 活化素
　　C. 凝血酶　　　　　　　　　　D. 纤维蛋白单体
　　E. 纤溶酶

23. 血凝块回缩是由于（　　）
　　A. 血凝块中纤维蛋白收缩　　　B. 红细胞发生叠连而压缩
　　C. 白细胞发生变形运动　　　　D. 血小板的收缩蛋白收缩
　　E. 肝素

24. 可使血液凝固加快的主要因素是（　　）
　　A. 血小板破裂　　　　　　　　B. 血管紧张素增加
　　C. 肾素分泌增加　　　　　　　D. 嗜酸性粒细胞增多
　　E. 以上都不是

五、多项选择题

1. 生理性抗凝物质有（　　）
　　A. 抗凝血酶　　　　　　　　　B. 蛋白质 C 系统
　　C. 草酸钾　　　　　　　　　　D. 肝素
　　E. 组织因子途径抑制物

2. 血小板的生理特性有（　　）
　　A. 黏着　　　　　　　　　　　B. 吸附
　　C. 释放　　　　　　　　　　　D. 聚集
　　E. 收缩

3. 关于缺铁性贫血，正确的是（　　）
　　A. 红细胞数目有所减少　　　　B. 血红蛋白的含量明显下降
　　C. 红细胞体积代偿性增大　　　D. 失血可引起此病
　　E. 内因子缺乏可引起此病

4. 输血的原则是（　　）
　　A. 相同血型可以相互输血
　　B. O 型血可以少量输给其他血型的人
　　C. 均须作交叉配血实验
　　D. AB 型可接受少量其他血型的血
　　E. 必须测知 Rh 血型

5. Rh 血型的临床意义主要是应避免（　　）
　　A. Rh 阴性受血者第二次接受 Rh 阳性血

B. Rh 阳性受血者第二次接受 Rh 阳性血
C. Rh 阴性妇女第二次孕育 Rh 阳性胎儿
D. Rh 阳性妇女第二次孕育 Rh 阳性胎儿
E. Rh 阴性妇女第一次孕育 Rh 阳性胎儿

习题四 血液循环

一、名词解释

1. 心动周期(cardiac cycle)
2. 搏出量(stroke volume)
3. 心输出量(cardiac output)
4. 心指数(cardiac index)
5. 射血分数(ejection fraction)
6. 心力储备(cardiac reserve)
7. 期前收缩与代偿间歇(premature systole & compensatory pause)
8. 中心静脉压(central venous pressure)
9. 平均动脉压(mean arterial pressure)
10. 降压反射(depressor reflex)

二、填空题

1. 心率加快时,心动周期_____,其中变化最显著的时期是_____。
2. 等容收缩期时,心脏瓣膜的状态是房室瓣_____,半月瓣_____。
3. 等容舒张期时,心脏瓣膜的状态是房室瓣_____,半月瓣_____。
4. 心输出量等于_____与_____的乘积,左、右心室的输出量的关系是_____。
5. 第一心音发生在_____期,音调_____,持续时间_____。
6. 第二心音发生在_____期,音调_____,持续时间_____。
7. 快速射血期时,房室瓣的状态_____,半月瓣的状态_____。
8. 心室后负荷增加时,等容收缩期_____,射血期_____,心搏出量_____。
9. 心室肌动作电位 2 期离子电流有:外向离子流是_____,内向离子流主要是_____。
10. 心肌的生理特性有:_____、_____、_____和_____。
11. 心脏的正常起搏点是_____,其余心脏自律组织称为_____。由窦房结细胞控制的心律称为_____。窦房结以外自律组织控制的心律称为_____。
12. 心肌兴奋性的两个特点是:_____和_____。
13. 形成动脉血压的基本因素有_____、_____和_____。

14. 股动脉与主动脉内的血压波动相比，股动脉的收缩压_____，舒张压_____，脉压_____。
15. 决定组织液生成有效滤过压的四个因素：_____、_____、_____和_____。
16. 毛细血管前阻力血管是_____和_____，后阻力血管是_____。
17. 决定外周阻力的主要因素是_____和_____，其中最重要的因素是_____。
18. 肾血流量长期减少，可使肾素分泌量_____，血管紧张素生成_____，导致_____。
19. 心迷走神经兴奋时，其末梢释放_____递质，作用于心肌细胞膜上_____受体，导致心率_____，传导速度_____，心肌的收缩力_____。
20. 交感缩血管神经的节后纤维末梢释放_____递质，作用在血管平滑肌上_____受体和_____受体：前者引起血管_____，后者引起血管_____。
21. 冠脉循环血流量主要取决于心脏_____期的长短和压力。

三、单项选择题

1. 动脉瓣从关闭到下一次开放的时间为（　　）
   A. 心室舒张期　　　　　　　B. 等容收缩期
   C. 心室射血期　　　　　　　D. 心室舒张期＋等容收缩期
   E. 心室射血期＋等容收缩期
2. 全心舒张期的时程相当于（　　）
   A. 心动周期－心房收缩期　　B. 心动周期－心室舒张期
   C. 心房舒张期－心室收缩期　D. 心室舒张期－心房收缩期
   E. 快速充盈期＋减慢充盈期
3. 心动周期的时间取决于（　　）
   A. 心率　　　　　　　　　　B. 心室舒张期
   C. 心室收缩期　　　　　　　D. 心房舒张期
   E. 心房收缩期
4. 左心室内压升高速率最快的时相（　　）
   A. 心房收缩期　　　　　　　B. 等容收缩期
   C. 快速射血期　　　　　　　D. 减慢射血期
   E. 快速充盈期
5. 左心室内压降低速率最快的时相（　　）
   A. 心房舒张期　　　　　　　B. 等容舒张期
   C. 快速充盈期　　　　　　　D. 减慢充盈期
   E. 主动快速充盈期

6. 心动周期中,心室血液充盈的动力是( )
   A. 血液重力   B. 心房收缩
   C. 心室舒张   D. 胸内负压
   E. 骨骼肌的挤压
7. 比较不同身材心功能的较好指标是( )
   A. 心指数   B. 射血分数
   C. 心力储备   D. 心脏做功量
   E. 每分输出量
8. 能增加射血分数的因素是( )
   A. 心率减慢   B. 每搏量降低
   C. 动脉血压升高   D. 心肌收缩力增强
   E. 心室舒张未容积增大
9. 引起左心室前负荷降低的因素是( )
   A. 心率加快   B. 中心静脉压低
   C. 外周静脉压升高   D. 心室余血量增多
   E. 体循环平均充盈压增大
10. 体力劳动时,心搏量增高的调节机制是( )
    A. 正反馈调节   B. 负反馈调节
    C. 等长自身调节   D. 异长自身调节
    E. 局部体液调节
11. 高血压时,维持正常搏出量的调节是( )
    A. 减压反射   B. 正反馈调节
    C. 异长自身调节   D. 等长自身调节
    E. 反射性心率增加
12. 心率超 180 次/min 时,心输出量减少的原因是( )
    A. 心房收缩期缩短   B. 等容收缩期缩短
    C. 减慢射血期缩短   D. 快速充盈期缩短
    E. 减慢充盈期缩短
13. 心肌异长自身调节的作用是( )
    A. 保证初长度储备   B. 保持全或无收缩
    C. 调节心肌收缩能力 D. 搏出量与后负荷平衡
    E. 维持搏出量与回心血量平衡
14. 构成心室肌动作电位 0 期的原因是( )
    A. Na^+ 内流   B. Na^+ 外流
    C. K^+ 外流   D. Cl^- 内流
    E. Ca^{2+} 内流

15. 自律与非自律细胞的区别是(   )
    A. 0期去极速度　　　　　　B. 1期复极速度
    C. 2期复极速度　　　　　　D. 3期复极速度
    E. 4期自动去极的有无
16. 窦房结细胞的阈电位相当于(   )
    A. K^+平衡电位　　　　　B. Na^+平衡电位
    C. Ca^{2+}平衡电位　　　D. 快Na^+通道激活电位
    E. 慢Ca^{2+}通道激活电位
17. 心室肌细胞Na^+通道恢复到备用状态的关键是(   )
    A. 阈电位水平　　　　　　　B. 局部电位水平
    C. 正后电位水平　　　　　　D. 正常静息电位水平
    E. 静息电位与阈电位之差
18. 心肌不产生强直收缩的原因是(   )
    A. 功能合胞体　　　　　　　B. 全或无收缩
    C. 肌浆网不发达　　　　　　D. 肌丝重叠不佳
    E. 有效不应期长
19. 窦房结细胞产生兴奋性的前提为(   )
    A. Na^+通道在激活态　　　B. Na^+通道在备用态
    C. Na^+通道在失活态　　　D. Ca^{2+}通道在激活态
    E. Ca^{2+}通道在备用态
20. 房室延搁的生理意义是(   )
    A. 易产生动作电位　　　　　B. 心室肌同步收缩
    C. 心肌不产生强直收缩　　　D. 心室肌有效不应期延长
    E. 心房与心室不同时收缩
21. 衡量传导性高低的指标是(   )
    A. 平台期时程　　　　　　　B. 0期去极速度
    C. 4期自动去极速度　　　　D. 动作电位产生速度
    E. 动作电位传播速度
22. 血钾逐渐升高时,心肌兴奋性(   )
    A. 基本不变　　　　　　　　B. 逐渐降低
    C. 逐渐升高　　　　　　　　D. 先降低后升高
    E. 先升高后降低
23. 反映左右心室去极化的是(   )
    A. 心电图P波　　　　　　　B. 心电图T波
    C. 心电图S-T段　　　　　　D. 心电图P-R间期
    E. 心电图QRS波群

24. 房室交界区传导减慢可致心电图（   ）
    A. P 波增宽　　　　　　　　　B. T 波增宽
    C. Q-T 间期延长
    D. P-R 间期延长
    E. QRS 波群增宽
25. 心室肌动作电位不具有的特征（   ）
    A. 4 期膜电位不稳定　　　　　B. 复极 2 期呈平台期
    C. 复极相缓慢多时相　　　　　D. 上升支和下降支不对称
    E. 分为 0、1、2、3、4 期
26. 在绝对不应期，刺激与反应的关系（   ）
    A. 阈上刺激，无反应　　　　　B. 阈上刺激，产生局部反应
    C. 阈上刺激，才产生动作电位　D. 阈下刺激，可产生动作电位
    E. 不给刺激，自发产生动作电位
27. 心室肌动作电位 2 期形成的主要原因为（   ）
    A. Ca^{2+} 内流、K^+ 外流　　B. Ca^{2+} 内流、K^+ 内流
    C. Ca^{2+} 外流、K^+ 内流　　D. Ca^{2+} 外流、K^+ 外流
    E. Na^+ 内流、K^+ 外流
28. 产生外周阻力的主要部位为（   ）
    A. 静脉
    B. 微静脉
    C. 微动脉
    D. 主动脉
    E. 毛细血管
29. 在体循环，血压降落最显著部位为（   ）
    A. 静脉段
    B. 主动脉段
    C. 大动脉段
    D. 微动脉段
    E. 毛细血管段
30. 正常时，收缩压的高低主要反映（   ）
    A. 心率
    B. 外周阻力
    C. 血管容量
    D. 心脏射血能力
    E. 主动脉管壁弹性
31. 正常时，决定舒张压的主要因素为（   ）
    A. 心率
    B. 每搏量
    C. 血管容量
    D. 主动脉管壁的弹性
    E. 小动脉和微动脉的口径
32. 外周阻力↑时，变化最明显的是（   ）
    A. 每搏量↑
    B. 脉压↓
    C. 舒张压↓
    D. 收缩压↑

E. 平均动脉压↓

33. 能使中心静脉压升高的情况为（　　）
    A. 吸气相   B. 输液过多
    C. 动脉血压降低   D. 静脉回心血量减少
    E. 心肌射血功能增强

34. 吸气时,引起心血管的变化是（　　）
    A. 回心血量不变   B. 动脉血压不变
    C. 动脉血压降低   D. 动脉血压升高
    E. 平均动脉压升高

35. 右心衰竭时可出现（　　）
    A. 肺水肿   B. 肝缩小
    C. 颈静脉压降低   D. 动脉血压降低
    E. 中心静脉压升高

36. 左心衰竭时可出现（　　）
    A. 肺水肿   B. 肝大
    C. 双下肢水肿   D. 颈静脉怒张
    E. 肺毛细血管压降低

37. 影响组织液有效滤过压的最主要因素为（　　）
    A. 毛细血管血压   B. 组织液静水压
    C. 血浆晶体渗透压   D. 血浆胶体渗透压
    E. 组织液胶体渗透压

38. 过敏反应时,组织水肿的原因为（　　）
    A. 淋巴回流受阻   B. 毛细血管血压↑
    C. 血浆胶体渗透压↑   D. 组织液胶体渗透压↓
    E. 毛细血管壁通透性↑

39. 老年人主动脉弹性降低并伴有小动脉硬化时,动脉血压变化为（　　）
    A. 收缩压↑,脉压↑   B. 收缩压↓,脉压↑
    C. 收缩压↓,脉压↑   D. 舒张压↑,脉压↓
    E. 舒张压↓,脉压↓

40. 正常成年人,降压反射最敏感的平均动脉压为（　　）
    A. 50 mmHg   B. 100 mmHg
    C. 120 mmHg   D. 140 mmHg
    E. 160 mmHg

41. 夹闭兔一侧颈总动脉可引起（　　）
    A. 心率↓   B. 动脉血压↑
    C. 心交感活动↓   D. 心肌收缩力↓

E. 外周血管舒张
42. 正常时,脉压高低主要反映( )
    A. 心率 B. 搏出量
    C. 外周阻力 D. 大动脉管壁弹性
    E. 循环血量/血管容量比值
43. 增加心输出量的因素为( )
    A. 动脉血压升高 B. 外周阻力增加
    C. 由平卧转为直立 D. 由直立转为平卧
    E. 颈动脉窦区血压升高
44. 组织液的生成主要取决于( )
    A. 有效滤过压 B. 毛细血管血压
    C. 血浆胶体渗透压 D. 血浆晶体渗透压
    E. 组织胶体渗透压
45. 肾素-血管紧张素活动加强时( )
    A. 醛固酮释放↓ B. 肾脏排钠量↓
    C. 静脉回心血量↓ D. 体循环平均充盈压↓
    E. 交感神经释放递质↓
46. 心肌缺氧引起冠脉舒张的主要因素为( )
    A. H^+ B. 组胺
    C. 腺苷 D. 乳酸
    E. 前列腺素
47. 久病卧床,突然站立会引起( )
    A. 贫血 B. 回心血量突然↓
    C. 心迷走中枢紧张性↑ D. 心交感中枢紧张性↓
    E. 交感缩血管中枢紧张性↓
48. 静脉注射去甲肾上腺素后不出现( )
    A. 心率↑ B. 舒张压↑
    C. 收缩压↑ D. 脉压↓
    E. 心迷走神经兴奋
49. 在高温环境中( )
    A. 心率↑,血压↑ B. 心率↑,血压↓
    C. 心率↓,血压↑ D. 心率↓,血压↓
    E. 心率和血压不变
50. 在低氧环境中( )
    A. 心率↑,血压↑ B. 心率↑,血压↓
    C. 心率↓,血压↑ D. 心率↓,血压↓

E. 心率和血压不变
51. 调节血压的主要传出神经为（　　）
    A. 迷走神经　　　　　　　　B. 肽能神经
    C. 交感缩血管纤维　　　　　D. 交感舒血管纤维
    E. 副交感舒血管纤维
52. 降压反射的最终效应为（　　）
    A. 降低动脉血压　　　　　　B. 升高动脉血压
    C. 减弱心血管活动　　　　　D. 增强心血管活动
    E. 维持动脉血压相对稳定
53. 从卧位到立位，稳定动脉血压的途径为（　　）
    A. 心率减慢　　　　　　　　B. 降压反射减弱
    C. 升压反射减弱　　　　　　D. 静脉回流减少
    E. 静脉回流增加
54. 急性失血最先出现的代偿反应为（　　）
    A. 交感神经兴奋　　　　　　B. 副交感神经兴奋
    C. 抗利尿激素增多　　　　　D. 组织液回流增加
    E. 血管紧张素Ⅱ增多
55. 增加左冠状动脉血流量的情况为（　　）
    A. 心率↑　　　　　　　　　B. 舒张期↑
    C. 收缩压↓　　　　　　　　D. 舒张压↓
    E. 心力衰竭

四、多项选择题

1. 心房和心室基本相同的指标是（　　）
    A. 压力　　　　　　　　　　B. 心输出量
    C. 心动周期　　　　　　　　D. 外周阻力
    E. 容积
2. 心脏泵功能的评价指标是（　　）
    A. 心指数　　　　　　　　　B. 射血分数
    C. 心输出量　　　　　　　　D. 心脏做功量
    E. 中心静脉压
3. 降低心输出量的因素为（　　）
    A. 心肌前负荷↑　　　　　　B. 心肌后负荷↑
    C. 心率过快（>180次/min）　D. 心率过慢（<40次/min）
    E. 心肌收缩力↑
4. 心肌收缩力增强，可导致（　　）

A. 心率↑ B. 搏出量↑
C. 心指数↑ D. 射血分数↑
E. 血压↑

5. 心率明显增快可以导致（   ）
   A. 搏出量减少 B. 心率储备降低
   C. 冠脉血流减少 D. 心动周期缩短
   E. 心输出量增加

6. 增强心肌收缩力的因素为（   ）
   A. 胞内 Ca^{2+} ↑ B. 心室后负荷↓
   C. 横桥 ATP 酶活性↑ D. 肌钙蛋白对 Ca^{2+} 亲和力↑
   E. 酸中毒

7. 窦房结动作电位的特点为（   ）
   A. 0 期去极速度慢 B. 0 期去极幅度低
   C. 无明显的超射 D. 无明显复极 1、2 期
   E. 没有不应期

8. 兴奋在房室交界传导速度慢的原因为（   ）
   A. 自律性高 B. 细胞直径小
   C. 0 期去极速度慢 D. 0 期去极幅度低
   E. 兴奋性低

9. 动脉血压降低，（   ）
   A. 心率↑ B. 搏出量↑
   C. 心指数↑ D. 射血分数↑
   E. 外周阻力降低

10. 动脉压突然↑，调节搏出量的方式为（   ）
    A. 心肌异长自身调节 B. 心肌等长自身调节
    C. 颈动脉体、主动脉体反射 D. 颈动脉窦、主动脉弓反射
    E. 心肺容量感受性反射

11. 增加静脉回心血量的因素为（   ）
    A. 吸气 B. 心房钠尿肽
    C. 骨骼肌收缩 D. 直立位变为平卧位
    E. 静脉舒张

12. 交感缩血管纤维兴奋可引起（   ）
    A. 器官血流量↓ B. 乙酰胆碱释放
    C. 去甲肾上腺素释放 D. 毛细血管前、后阻力比值↑
    E. 血压降低

13. 具有升血压作用的体液因素为（   ）

A. 心房钠尿肽　　　　　　B. 抗利尿激素
　　C. 血管紧张素　　　　　　D. 去甲肾上腺素
　　E. 组胺
14. 增加心输出量的因素为(　　)
　　A. 动脉血压↑　　　　　　B. 心交感神经兴奋
　　C. 由直立变为平卧　　　　D. 心室舒张末期容积↑
　　E. 心迷走神经兴奋
15. 夹闭兔一侧颈总动脉,可出现(　　)
　　A. 心率↑　　　　　　　　B. 外周阻力↑
　　C. 心肌收缩力↑　　　　　D. 心迷走神经活动↓
　　E. 股动脉血压↓

习题五　呼吸

一、名词解释

1. 肺通气(pulmonary ventilation)
2. 顺应性(compliance)
3. 肺表面活性物质(pulmonary surfactant)
4. 潮气量(Tidal Volume,TV)
5. 肺活量(Vital Capacity,VC)
6. 用力肺活量(Forced Vital Capacity,FVC)
7. 生理无效腔(physiologic dead space)
8. 每分通气量(minute ventilation volume)
9. 肺泡通气量(alveolar ventilation)
10. 胸膜腔内压(intrapleural pressure)
11. 通气/血流比值(ventilation/perfusion ratio)
12. 氧含量(oxygen content)
13. 血氧饱和度(oxygen saturation)
14. 氧离曲线(oxygen dissociation curve)
15. 肺牵张反射(pulmonary stretch reflex)

二、填空题

1. 呼吸的全过程包括三个相互联系的环节,即_____、_____和_____。其中外呼吸包括_____和_____;内呼吸包括_____和_____。
2. 肺通气的原动力来自_____,直接动力是_____。
3. 肺通气的阻力包括_____和_____两种。
4. 肺的弹性阻力来自_____和_____。
5. 肺弹性阻力大,不易扩张,顺应性_____;弹性阻力小,易扩张,顺应性_____。
6. 正常成人腹式呼吸与胸式呼吸同时存在,但以_____为主;小儿主要是_____呼吸,妊娠后期的妇女则以_____呼吸为主。
7. 肺表面活性物质是由_____细胞分泌的,主要成分是_____,作用是_____。
8. 肺活量是_____、_____和_____之和。

9. 正常成人安静时肺通气/血流比值约为_____。若比值增大,致使_____增大;而比值减小时,犹如发生了_____。

10. pH 降低、PCO_2 升高、温度升高及 2,3-DPG 浓度升高均可使 Hb 对 O_2 的亲和力_____,P50 _____,曲线_____释放 O_2 增多供组织利用。

11. 基本呼吸节律产生于_____,_____是自主呼吸的最基本中枢。

三、单项选择题

1. 肺通气的原动力是( )
   - A. 呼吸运动
   - B. 肋间内肌收缩
   - C. 肋间内肌与外肌的收缩
   - D. 胸膜腔内压的变化
   - E. 胸膜腔内压与肺内压之差

2. 肺内压在下列哪一时相中与大气压相等( )
   - A. 呼气初与呼气末
   - B. 吸气初与吸气末
   - C. 吸气末与呼气末
   - D. 吸气初与呼气末
   - E. 吸气初与呼气初

3. 肺的静态顺应性越大,表示( )
   - A. 肺的弹性阻力大,肺扩张程度小
   - B. 肺的弹性阻力小,肺扩张程度小
   - C. 肺的非弹性阻力大,肺扩张程度大
   - D. 肺的弹性阻力小,肺扩张程度大
   - E. 肺的非弹性阻力与肺的扩张度无变化

4. 肺泡回缩力主要来自( )
   - A. 肺泡的弹性纤维
   - B. 肺泡膜的液体分子层表面张力
   - C. 胸内负压
   - D. 胸廓弹性回缩
   - E. 肺泡表面活性物质

5. 胸廓的弹性回缩力成为吸气的弹性阻力见于( )
   - A. 深吸气
   - B. 深呼气
   - C. 平静呼气末
   - D. 胸廓处于自然位置时
   - E. 发生气胸时

6. 影响气道阻力最重要的因素是( )
   - A. 气流形式
   - B. 气流速度
   - C. 呼吸道长度
   - D. 呼吸道口径
   - E. 呼吸时相

7. 胸膜腔内压等于( )
   - A. 大气压－非弹性阻力
   - B. 大气压＋肺弹性回缩力
   - C. 大气压＋跨肺压
   - D. 大气压＋跨胸壁压
   - E. 大气压－肺回缩力

8. 胸内负压与下列哪个因素无关( )

    A. 大气压 　　　　　　　　　　　B. 肺内压
    C. 肺的回缩力 　　　　　　　　　D. 胸膜腔的密闭性
    E. 胸廓的向外扩张力
9. 下列关于肺泡表面活性物质生理作用的叙述,哪一项是错误的(　　)
    A. 稳定肺泡内压 　　　　　　　　B. 降低肺泡表面张力
    C. 增加肺的回缩力 　　　　　　　D. 维持肺泡于适当的扩张状态
    E. 阻止血管内水分滤入肺泡
10. 比较不同个体之间肺弹性阻力大小的指标是(　　)
    A. 时间肺活量 　　　　　　　　　B. 肺顺应性
    C. 肺回缩力 　　　　　　　　　　D. 肺内压
    E. 比顺应性
11. 肺总容量等于(　　)
    A. 肺活量＋潮气量 　　　　　　　B. 肺活量＋余气量
    C. 肺活量＋机能余气量 　　　　　D. 潮气量＋机能余气量
    E. 补呼气量＋余气量
12. 反映单位时间内充分发挥全部通气能力所达到的通气量称为(　　)
    A. 最大通气量 　　　　　　　　　B. 肺泡通气量
    C. 补呼气量 　　　　　　　　　　D. 肺活量
    E. 深吸气量
13. 呼气储备量等于(　　)
    A. 补吸气量 　　　　　　　　　　B. 肺活量－深呼气量
    C. 肺活量－深吸气量 　　　　　　D. 肺活量－吸气储备量
    E. 潮气量＋补吸气量
14. 对肺泡气分压变化起缓冲作用的肺容量是(　　)
    A. 余气量 　　　　　　　　　　　B. 补吸气量
    C. 补呼气量 　　　　　　　　　　D. 深吸气量
    E. 机能余气量
15. 当呼吸肌完全松弛时,肺容量等于(　　)
    A. 肺活量 　　　　　　　　　　　B. 余气量
    C. 补呼气量 　　　　　　　　　　D. 机能余气量
    E. 深吸气量
16. 每分钟肺泡通气量等于(　　)
    A. 潮气量×呼吸频率
    B. 肺通气量的1/2
    C. (潮气量－生理无效腔)×呼吸频率
    D. 机能余气量

E. (肺通气量－生理无效腔)×呼吸频率

17. 决定每分钟肺泡通气量的因素是(　　)
    A. 余气量的多少　　　　　　　　B. 潮气量的大小
    C. 肺活量　　　　　　　　　　　D. 呼吸频率,潮气量与无效腔的大小
    E. 呼吸频率与无效腔的大小

18. 决定肺内气体交换方向的主要因素是(　　)
    A. 气体的分压差　　　　　　　　B. 气体的溶解度
    C. 气体的分子量　　　　　　　　D. 气体的溶解度
    E. 呼吸膜的通透性

19. 测定肺换气效率较好的指标是(　　)
    A. 潮气量　　　　　　　　　　　B. 肺活量
    C. 时间肺活量　　　　　　　　　D. 通气/血流比值
    E. 肺扩散容量

20. 测定肺换气效率较好的指标是(　　)
    A. 肺活量　　　　　　　　　　　B. 时间肺活量
    C. 通气/血流比值　　　　　　　　D. 肺通气量
    E. 每分钟肺泡通气量

21. 下列关于通气/血流比值的描述哪一项是不正确的(　　)
    A. 安静时正常值为 0.84　　　　　B. 比值减少意味着生理无效腔增大
    C. 肺动脉栓塞时,比值增大　　　　D. 肺尖部比值增大,可达到 3
    E. 肺下部部分血流得不到充分气体交换,比值减少

22. 呼吸中枢的正常兴奋依赖于血液中(　　)
    A. 高浓度的 CO_2　　　　　　　B. 正常浓度的 CO_2
    C. 高浓度的 O_2　　　　　　　　D. 正常浓度的 O_2
    E. H^+ 浓度

23. 中枢化学感觉器敏感的刺激物是(　　)
    A. 血液中的 CO_2　　　　　　　B. 脑脊液中的 CO_2
    C. 血液中的 H^+　　　　　　　　D. 脑脊液中的 H^+
    E. 动脉血 O_2 分压降低

24. 肺牵张反射的传入神经是(　　)
    A. 膈神经　　　　　　　　　　　B. 窦神经
    C. 肋间神经　　　　　　　　　　D. 主动脉神经
    E. 迷走神经

25. 下列关于肺扩张反射的叙述,哪一项是错误的(　　)
    A. 感受器接受肺扩张的刺激
    B. 感觉器在支气管和细支气管平滑肌层

C. 传入神经是迷走神经
D. 正常人平静呼吸时即起调节作用
E. 促使吸气及时转入呼气

26. 缺 O_2 引起的呼吸加深加快主要是通过什么感受器引起的(   )
    A. 直接刺激呼吸中枢
    B. 刺激中枢化学感受器
    C. 刺激主动脉弓颈动脉窦压力感受器
    D. 刺激主动脉体颈动脉体压力感受器
    E. 刺激主动脉体颈动脉体化学感受器

27. PCO_2 升高引起呼吸加深加快最主要是通过哪部分引起的(   )
    A. 直接刺激呼吸中枢   B. 刺激中枢化学感受器
    C. 刺激颈动脉窦压力感受器   D. 刺激颈动脉体化学感受器
    E. 刺激主动脉体化学感受器

28. 正常人胸膜腔内压总是负值,维持胸内负压的必要条件是(   )
    A. 呼气肌的收缩   B. 吸气肌的收缩
    C. 肺内压低于大气压   D. 胸膜腔的密闭性
    E. 呼吸道的阻力

29. 某人诊断为肺气肿,其肺部出现下列哪种情况(   )
    A. 肺弹性阻力减小   B. 肺顺应性减小
    C. 余气量减少   D. 功能余气量减少
    E. 肺表面活性物质减少

30. 正常人先用力深吸气,然后以最快的速度呼出气体。第 1 s 末的呼出气量占肺活量的百分数应为(   )
    A. 60%   B. 83%
    C. 96%   D. 99%
    E. 100%

31. 某人呼吸从 12 次/min 增加到 24 次/min,潮气量从 500 mL 减少到 250 mL,则(   )
    A. 肺通气量增加   B. 肺通气量减少
    C. 肺泡通气量减少   D. 肺泡通气量增加
    E. 肺泡通气量不变

32. 某人的肺通气量为 7 500 mL/min,呼吸频率为 20 次/min,无效腔气量 125 mL,每分钟肺血流为 5 L,则通气/血流比值应是(   )
    A. 0.7   B. 0.8
    C. 0.9   D. 1.0
    E. 1.1

33. 通气/血流比值增大表明（　　）
    A. 肺内气体交换障碍　　　　B. 解剖无效腔增大
    C. 解剖性动-静脉短路　　　　D. 功能性动-静脉短路
    E. 肺泡无效腔增大
34. 切断动物颈部迷走神经后动物的呼吸将（　　）
    A. 变深变慢　　　　B. 变浅变慢
    C. 不变　　　　D. 变浅变快
    E. 变深变快
35. 肺通气的直接动力是（　　）
    A. 呼吸肌的舒缩　　　　B. 肺回缩力
    C. 肺内压与大气压之差　　　　D. 肺内压与胸膜腔内压之差
    E. 大气压与肺回缩力之差
36. 胸膜腔内压的负值大小取决（　　）
    A. 呼吸肌的舒缩　　　　B. 肺回缩力
    C. 肺内压与大气压之差　　　　D. 肺内压与胸膜腔内压之差
    E. 大气压与肺回缩力之差
37. 肺顺应性可作为反映何种阻力的指标（　　）
    A. 黏滞阻力　　　　B. 惯性阻力
    C. 气道阻力　　　　D. 肺弹性阻力
    E. 胸廓弹性阻力
38. 在肺的非弹性阻力中,最主要的是（　　）
    A. 黏滞阻力　　　　B. 惯性阻力
    C. 气道阻力　　　　D. 肺弹性阻力
    E. 胸廓弹性阻力
39. 气体交换时肺泡内 O_2 首先通过（　　）
    A. 肺泡上皮细胞　　　　B. 肺间质
    C. 毛细血管基膜和内皮细胞　　　　D. 肺泡表面液体层
    E. 肺泡表面活性物质
40. 肺泡Ⅱ型上皮细胞分泌（　　）
    A. 肺泡上皮细胞　　　　B. 肺间质
    C. 毛细血管基膜和内皮细胞　　　　D. 肺泡表面液体层
    E. 肺泡表面活性物质

四、多项选择题

1. 胸膜腔具有下列哪些特点（　　）
    A. 是一个密闭潜在的腔

B. 在呼吸时,胸膜腔内压随呼吸变化
C. 腔内只有少量浆液,使两层膜黏在一起
D. 平静呼吸时,胸膜腔内压始终是负值(即低于大气压)
E. 某些生理情况下,胸膜腔内压可为正值(即高于大气压)

2. 使呼吸道阻力增大的因素有(　　)
   A. 迷走神经兴奋　　　　　　　　B. 副交感神经兴奋
   C. 交感神经兴奋　　　　　　　　D. 组织胺释放
   E. 缓激肽释放

3. 影响肺换气的因素有(　　)
   A. 肺内压　　　　　　　　　　　B. 肺泡内气体分压
   C. 肺泡气的更新率　　　　　　　D. 呼吸膜的面积和厚度
   E. 通气/血流比值

4. 剪断兔双侧迷走神经后(　　)
   A. 呼吸停止　　　　　　　　　　B. 呼吸频率减慢
   C. 吸气相延长　　　　　　　　　D. 呼气相延长
   E. 肺牵张反射消失

5. 化学因素对呼吸的影响,正确的是(　　)
   A. CO_2 是经常性的生理刺激
   B. 吸入气中 CO_2 浓度越高肺通气量越大
   C. 血液 CO_2 下降可使呼吸抑制
   D. 缺 O_2 对呼吸中枢有直接抑制作用
   E. 血液 H^+ 主要作用于中枢化学感受器

习题六　消化和吸收

一、名词解释

1. 消化(digestion)
2. 吸收(absorption)
3. 胃肠激素(gastrointestinal hormone)
4. 胃排空(gastric emptying)
5. 容受性舒张(receptive relaxation)
6. 分节运动(segmental motility)

二、填空题

1. 食物消化的两种形式分别是_____和_____。
2. 副交感神经节后纤维末梢释放的递质是_____,它可使消化道平滑肌的运动_____。
3. 胃肠道黏膜内的内分泌细胞分泌的激素,称为_____。
4. 胃肠道的内在神经丛由_____神经丛和_____神经丛组成。
5. 促胃液素的主要生理作用是:促进胃液_____;使胃窦_____;促进消化道黏膜_____及胰岛素的_____。
6. 胃液的主要成分有_____、_____、_____、_____和_____。
7. 胃的外分泌腺有三种,即_____、_____和_____。
8. 胃黏膜对盐酸的屏障机能,一是_____,二是_____。
9. 小肠内的消化液有_____、_____和_____。
10. 内因子为_____分泌,它与_____结合后促进其吸收。内因子缺乏时,会出现_____贫血。
11. 胃运动形式有_____、_____和_____。
12. 胰腺导管细胞分泌_____和_____;胰腺腺泡细胞分泌_____。
13. 迷走神经兴奋引起胰液分泌的特点是:_____和_____含量很少,而_____的含量较丰富。
14. 胆汁的主要作用是通过_____来实现的,其主要作用包括_____、_____和_____。
15. 小肠运动的形式有_____、_____和_____。
16. 胃排空的直接动力是_____,胃排空的原动力是_____,胃排空的阻力是_____。

17. 糖类、蛋白质和脂肪三种主要食物成分中,排空速度最快的是_____,而排空速度最慢的是_____,混合食物完全排空需_____小时。

18. 激活胰蛋白酶原的物质主要是_____,胰蛋白酶可激活_____和_____。

19. 食物对胃的扩张和化学刺激可_____胃的排空,食物对十二指肠的扩张和化学刺激可_____胃的排空。

20. 消化液中消化力最强的消化液是_____,不含消化酶的消化液是_____。

21. 糖类必须分解成_____后才能被小肠黏膜吸收,蛋白质需水解成_____后才能被小肠黏膜吸收,它们的吸收都需要_____提供能量。

22. 食物吸收的主要部位在_____,其理由是:①_____;②_____;③_____;④_____。

23. 吸收胆盐的部位是_____,吸收维生素 B_{12} 的部位是_____。

三、单项选择题

1. 化学性消化的作用是(　　)
   A. 食物由大变小
   B. 食糜与消化液混合
   C. 将食物分解成可被吸收的成分
   D. 推动食糜沿消化管不断移动
   E. 以上均不是

2. 关于消化管平滑肌生理特性的叙述错误的是(　　)
   A. 具有一定的紧张性
   B. 兴奋性低,收缩缓慢
   C. 富有伸展性
   D. 对牵张刺激敏感
   E. 有快而规则的自律性

3. 关于消化道平滑肌的基本电节律的叙述,错误的是(　　)
   A. 胃肠不收缩也可记录到
   B. 其频率与组织种类无关
   C. 它起源于肌层
   D. 其产生是肌源性的
   E. 动作电位在其基础上产生

4. 消化道平滑肌细胞动作电位产生的机制主要是(　　)
   A. K^+ 内流
   B. Na^+ 内流
   C. Ca^{2+} 内流
   D. K^+ 外流
   E. Na^+ 外流

5. 关于消化器管神经支配的叙述,正确的是(　　)
   A. 交感神经节后纤维释放乙酰胆碱
   B. 内在神经丛存在于黏膜下和平滑肌间
   C. 去除外来神经后,仍能完成局部反射

D. 外来神经对内在神经无调制作用

E. 所有副交感神经节后纤维均以乙酰胆碱为递质

6. 关于肠道内在神经系统的叙述,下列哪一项是错误的（　　）

A. 是由黏膜下神经丛和肌间神经丛组成的

B. 内在神经丛包含无数的神经元和神经纤维

C. 外来神经进入胃肠壁后,通常均与内在神经元发生突触联系

D. 肠道内在神经系统可完成局部反射

E. 肠道内在神经系统不是一个完整的、相对独立的系统

7. 关于唾液的作用,错误的是（　　）

A. 湿润食物,便于吞咽　　　　B. 溶解食物,引起味觉

C. 使淀粉分解为葡萄糖　　　　D. 杀菌

E. 清洁及保护口腔

8. 唾液中的主要消化酶是（　　）

A. 凝乳酶　　　　　　　　　　B. 蛋白水解酶

C. 肽酶　　　　　　　　　　　D. 淀粉酶

E. 寡糖酶

9. 不构成胃自身保护作用的是（　　）

A. 胃表面有一层厚的黏液层　　B. 胃黏膜上皮细胞分泌 HCO_3^-

C. 胃壁细胞分泌内源性 PG　　　D. 胃黏膜上有许多皱襞

E. 胃黏膜腔面膜和细胞间的紧密连接构成的黏膜屏障

10. 胃液中内因子的作用为（　　）

A. 激活胃蛋白酶原　　　　　　B. 参与胃黏膜屏障作用

C. 促进维生素 B_{12} 的吸收　　　D. 促进胃泌素的释放

E. 抑制胃蛋白酶的激活

11. 对胃蛋白酶叙述,错误的是（　　）

A. 由主细胞分泌　　　　　　　B. 由蛋白酶原激活而成

C. 作用的最适 pH 值为 2　　　　D. 水解蛋白质为多肽和氨基酸

E. 有激活胃蛋白酶原作用

12. 关于胃酸的生理作用错误的是（　　）

A. 能激活胃蛋白酶原　　　　　B. 使蛋白质变性,易水解

C. 促进铁和钙的吸收　　　　　D. 能促进维生素 B_{12} 的吸收

E. 促进小肠内的消化液的分泌

13. 下列哪项不是胃液的成分（　　）

A. 盐酸　　　　　　　　　　　B. 羧基肽酶原

C. 内因子　　　　　　　　　　D. 胃蛋白酶原

E. 黏液

14. 促进胃排空的主要动力是（　　）
    A. 食物对十二指肠内的刺激　　B. 迷走神经的兴奋
    C. 交感神经的兴奋　　D. 食物在胃内的刺激
    E. 胰泌素的刺激

15. 胃液成分中与红细胞成熟有关的物质是（　　）
    A. 盐酸　　B. 内因子
    C. 黏液　　D. 无机盐
    E. 以上都不是

16. 三种主要食物在胃中排空速度由快到慢的顺序排列为（　　）
    A. 糖类、脂肪、蛋白质　　B. 蛋白质、糖类、脂肪
    C. 脂肪、糖类、蛋白质　　D. 蛋白质、脂肪、糖类
    E. 糖类、蛋白质、脂肪

17. 胰液缺乏时，下列哪种物质的消化和吸收不受影响（　　）
    A. 蛋白质　　B. 脂肪
    C. 维生素 D　　D. 维生素 A
    E. 糖类

18. 对胰液作用叙述，错误的是（　　）
    A. 碳酸氢盐有保护肠黏膜提供小肠多种消化酶活动所必需的 pH 环境的作用
    B. 胰蛋白酶和糜蛋白酶可将蛋白质分解为胨和胨
    C. 胰脂肪酶是消化脂肪的主要消化酶
    D. 胰淀粉酶可水解淀粉为麦芽糖和葡萄糖
    E. 胰液中没有水解多肽、核糖核酸和脱氧核糖核酸的酶

19. 激活糜蛋白酶原的是（　　）
    A. 肠激酶　　B. 胰蛋白酶
    C. 盐酸　　D. 组胺
    E. 辅酯酶

20. 下列胆汁成分中，哪种促进脂肪消化作用最为重要（　　）
    A. 胆色素　　B. 胆固醇
    C. 胆盐　　D. 卵磷脂
    E. 碳酸氢盐

21. 下列哪项不是胆汁的作用（　　）
    A. 激活胰脂肪酶，并增强其活性　　B. 乳化脂肪
    C. 促进脂肪消化产物的吸收　　D. 利胆
    E. 中和胃酸

22. 消化液中最重要的一种是（　　）

A. 胃液 B. 胰液
C. 小肠液 D. 唾液
E. 胆汁

23. 关于胆汁的描述正确的是（   ）
    A. 非消化期胆汁无分泌 B. 消化期时只有胆囊胆汁排入小肠
    C. 胆汁中含有脂肪消化酶 D. 胆汁中与消化有关的成分是胆盐
    E. 胆盐可促进蛋白质的消化和吸收

24. 吸收胆盐及维生素 B_{12} 的部位在（   ）
    A. 十二指肠 B. 空肠
    C. 回肠 D. 胃
    E. 结肠

25. 胃中能被吸收的物质是（   ）
    A. 蛋白质的消化产物 B. 水和乙醇
    C. 无机盐 D. 维生素 C
    E. 葡萄糖

26. 营养物质的吸收主要发生于（   ）
    A. 食管 B. 胃
    C. 小肠 D. 结肠
    E. 小肠和结肠

27. 糖吸收的分子形式是（   ）
    A. 淀粉 B. 多糖
    C. 寡糖 D. 麦芽糖
    E. 单糖

28. 关于脂肪的吸收，下列哪项叙述是错误的（   ）
    A. 需水解为脂肪酸、甘油三酯和甘油后才能吸收
    B. 吸收过程需胆盐的协助
    C. 进入肠上皮细胞的脂肪水解产物绝大部分在细胞内又合成为甘油三酯
    D. 长链脂肪酸可直接扩散入血液
    E. 细胞内合成的甘油三酯与载脂蛋白形成乳糜微粒后通过淋巴吸收

29. 小肠特有的运动形式是（   ）
    A. 蠕动 B. 分节运动
    C. 容受性舒张 D. 集团蠕动
    E. 蠕动冲

30. 消化管共有的运动形式是（   ）
    A. 蠕动 B. 分节运动
    C. 容受性舒张 D. 集团蠕动

E. 以上都是

31. 排便反射的初级中枢位于（　　）
    A. 脊髓腰骶段　　　　　　　　B. 中脑
    C. 延髓　　　　　　　　　　　D. 脑桥
    E. 脊髓胸段

四、多项选择题

1. 消化道平滑肌的一般生理特性有（　　）
    A. 兴奋性高　　　　　　　　　B. 具有一定的紧张性
    C. 具有一定的自律性　　　　　D. 具有较大的伸展性
    E. 对化学、温度和牵张刺激敏感，对电刺激不敏感

2. 唾液中除含有水分外，还有（　　）
    A. 黏液蛋白　　　　　　　　　B. 凝乳酶
    C. 唾液淀粉酶　　　　　　　　D. Na^+、K^+、Cl^-
    E. 溶菌酶

3. 盐酸具有多种功能，其中包括（　　）
    A. 促使胃蛋白酶原的激活　　　B. 有利于唾液淀粉酶继续发挥作用
    C. 为胃蛋白酶提供酸性环境　　D. 有利于脂肪分解
    E. 有利于小肠对铁的吸收

4. 对于胃液的叙述，正确的是（　　）
    A. 纯净胃液的pH为0.9～1.5
    B. 正常人每日分泌量为1.5～2.5 L
    C. 胃液的酸性反应主要取决于游离酸
    D. 胃蛋白酶可彻底水解蛋白质为氨基酸
    E. 内因子由壁细胞分泌

5. 关于胃排空，正确的是（　　）
    A. 是指食物由胃排入十二指肠的过程
    B. 食物入胃后5 min即开始排空
    C. 混合食物排空时间为2～3 h
    D. 流体食物与固体食物排空时间相同
    E. 胃排空是间断进行的

6. 对胃酸特征叙述，正确的是（　　）
    A. 由胃腺中壁细胞分泌
    B. 胃液中H^+浓度比血液高出300万～400万倍
    C. 有游离酸和结合酸两种，绝大多数为结合酸
    D. 正常人基础排酸量为0～5 mmol/h

E. 恶性贫血者胃酸减少
7. 大量饮酒,可引起(   )
   A. 抑制胃的黏液分泌　　　　B. 抑制胃的 HCO_3^- 分泌
   C. 破坏胃黏膜屏障　　　　　D. 抑制胃黏膜内 PG 合成
   E. 减弱胃的细胞保护功能
8. 胃黏液屏障作用有(   )
   A. 防止胃黏膜的机械损伤　　B. 减弱 H^+ 对胃黏膜的侵蚀
   C. 减弱胃蛋白酶对胃黏膜侵蚀　D. 中和胃酸
   E. 防止 Na^+ 从黏膜向胃腔扩散
9. 抑制胃排空因素有(   )
   A. 迷走-迷走神经反射活动　　B. 进入十二指肠的酸性食糜
   C. 进入十二指肠的脂肪食物　　D. 肠-胃反射
   E. 促胰液素
10. 胃的运动形式有(   )
    A. 紧张性收缩　　　　　　B. 分节运动
    C. 容受性舒张　　　　　　D. 蠕动
    E. 集团蠕动
11. 对于胆汁的叙述,正确的是(   )
    A. 胆汁是由肝细胞分泌的
    B. 胆汁中含有胆盐、胆色素和胆固醇
    C. 胆汁中不含消化酶
    D. 胆盐对脂肪和蛋白质的消化具有重要意义
    E. 胆盐与脂肪分解产物一起在小肠上部吸收
12. 下列哪些不是胰液的作用(   )
    A. 分解蛋白质　　　　　　B. 分解淀粉
    C. 分解脂肪　　　　　　　D. 乳化脂肪
    E. 促进脂溶性维生素的吸收
13. 能消化淀粉的消化液有(   )
    A. 唾液　　　　　　　　　B. 胃液
    C. 胰液　　　　　　　　　D. 胆汁
    E. 小肠液
14. 有消化脂肪作用的消化液为(   )
    A. 唾液　　　　　　　　　B. 胃液
    C. 胰液　　　　　　　　　D. 胆汁
    E. 小肠液
15. 能够分解蛋白质的消化液有(   )

A. 胃液　　　　　　　　　B. 胆汁
C. 胰液　　　　　　　　　D. 唾液
E. 小肠液

16. 促进胆汁分泌和排放的有（　　）
    A. 交感神经兴奋　　　　B. 迷走神经兴奋
    C. 胆盐　　　　　　　　D. 促胰酶素
    E. 促胰液素

17. 对于小肠分节运动的叙述，正确的是（　　）
    A. 是以环行肌为主的节律性收缩和舒张运动
    B. 能使食糜与小肠内消化液混合
    C. 推送食糜从小肠至大肠
    D. 使食糜与肠壁紧密接触
    E. 有助于血液和淋巴回流

18. 能推进食糜的消化道运动是（　　）
    A. 紧张性收缩　　　　　B. 容受性舒张
    C. 蠕动　　　　　　　　D. 蠕动冲
    E. 分节运动

19. 经淋巴途径吸收的物质有（　　）
    A. 甘油　　　　　　　　B. 长链脂肪酸
    C. 胆固醇　　　　　　　D. 葡萄糖
    E. 维生素 A

20. 关于营养物质的吸收正确的是（　　）
    A. 糖以单糖的形式吸收　　B. 蛋白质以氨基酸的形式吸收
    C. 脂肪的吸收主要经淋巴途径
    D. 维生素 D 可促进钙的吸收
    E. 糖、蛋白质和脂肪的吸收均与 Na 的主动转运有关

21. 胃肠激素的共同作用有（　　）
    A. 调节消化道运动　　　B. 调节消化液分泌
    C. 调节胃排空　　　　　D. 调节其他激素的分泌
    E. 营养作用

22. 副交感神经的作用是（　　）
    A. 节后纤维释放乙酰胆碱　　B. 节后纤维释放去甲肾上腺素
    C. 兴奋时胃肠括约肌收缩　　D. 消化腺分泌增多
    E. 胃肠蠕动增强

习题七 能量代谢与体温调节

一、名词解释

1. 体重指数(body mass index)
2. 食物的热价(thermal equivalent of food)
3. 食物的氧热价(thermal equivalent of oxygen)
4. 呼吸商(respiratory quotient)
5. 食物的特殊动力效应(specific dynamic action of food)
6. 基础代谢率(basal metabolic rate)
7. 体温(body temperature)

二、填空题

1. 根据能量守恒定律，测定在一定时间内机体所消耗的_____或者测定机体所产生的_____与所做的外功，都可测算出整个机体的能量代谢。
2. 能量代谢的间接测热法的基本原理，就是利用反应物的量和产物的量之间的_____关系，计算一定时间内整个机体所释放出来的_____。
3. 机体内氧化分解的蛋白质可由_____除以_____得到。
4. 体温是指机体的_____温度，临床上常用_____、_____、_____的温度来代替体温。
5. 人体的主要产热器官是_____和_____。
6. 调节体温的基本中枢在_____，其主要部位是_____。
7. 在致热源作用下，下丘脑-视前区中的热敏神经元反应曲线的斜率_____，调定点_____导致发热。

三、单项选择题

1. 糖原储存最多的组织或器官是(　　)
    A. 肝脏 B. 脑
    C. 肌肉 D. 脂肪组织
    E. 血液
2. 机体吸收的糖原远超过消耗量时，其主要的储存形式是(　　)
    A. 肝糖原 B. 肌糖原
    C. 血糖 D. 脂肪

E. 蛋白质
3. 肝脏中的糖异生作用是（　　）
   A. 维持血糖水平的主要因素
   B. 肝糖原储备的主要形式
   C. 机体葡萄糖摄入不足时的主要能量来源之一
   D. 糖无氧酵解的主要来源
   E. 机体缺氧时的主要供能形式
4. 下列哪种物质既是重要的储能物质又是直接供能物质（　　）
   A. 肝糖原　　　　　　　　B. ATP
   C. 脂肪酸　　　　　　　　D. 磷酸肌酸
   E. 葡萄糖
5. 正常情况下也通过糖酵解供能的是（　　）
   A. 脑　　　　　　　　　　B. 肝脏
   C. 肌肉　　　　　　　　　D. 成熟红细胞
   E. 以上都不是
6. 正常情况下机体最主要的能源物质是（　　）
   A. ATP　　　　　　　　　B. 脂肪
   C. 葡萄糖　　　　　　　　D. 蛋白质
   E. 磷酸肌酸
7. 在体内氧化所释放的能量，每克脂肪约为每克糖的（　　）
   A. 一半　　　　　　　　　B. 1 倍
   C. 1.5 倍　　　　　　　　D. 2 倍
   E. 2.5 倍
8. 蛋白质物理热价大于生物热价的原因（　　）
   A. 蛋白质在体内消化吸收不完全
   B. 氨基酸在体内转化为糖
   C. 氨基酸在体内合成组织蛋白
   D. 蛋白质在体内没有完全氧化
   E. 大量蛋白质以氨基酸形式从尿中排出
9. 某糖尿病患者的呼吸商可能接近以下哪个数据（　　）
   A. 0.82　　　　　　　　　B. 0.71
   C. 1.00　　　　　　　　　D. 0.85
   E. 0.92
10. 下列哪些情况下呼吸商最小（　　）
    A. 机体将糖转化为脂肪时　　B. 机体能源主要是糖类时
    C. 肌肉剧烈活动时　　　　　D. 代谢性碱中毒时

E. 肺过度通气时
11. 下列哪些情况下呼吸商较大（　　）
    A. 机体将脂肪转化为糖时　　B. 肺通气不足时
    C. 代谢性碱中毒时　　D. 肌肉剧烈活动时
    E. 以上都不是
12. 肌肉活动时,耗氧量最多可达到安静时的（　　）
    A. 0~10 倍　　B. 10~20 倍
    C. 20~30 倍　　D. 30~40 倍
    E. 40~50 倍
13. 肌肉收缩时的直接能源是（　　）
    A. 磷酸肌酸　　B. 酮体
    C. 葡萄糖　　D. 脂肪酸
    E. ATP
14. 能量代谢最稳定的环境是（　　）
    A. 0℃~10℃　　B. 10℃~20℃
    C. 20℃~30℃　　D. 30℃~40℃
    E. 40℃~50℃
15. 体内不能转化为其他形式的能量是（　　）
    A. 渗透能　　B. 势能
    C. 电能　　D. 热能
    E. 机械能
16. 寒冷环境中,皮肤温度变化最小的部位是（　　）
    A. 上肢　　B. 手足
    C. 下肢　　D. 躯干
    E. 头部
17. 在寒冷环境中,下列哪项反应不会出现（　　）
    A. 甲状腺激素分泌增加　　B. 皮肤血管舒张,血流量增加
    C. 出现寒战　　D. 组织代谢提高,产热量增加
    E. 肾上腺素和去甲肾上腺素释放增加
18. 关于热能的叙述,下列哪项是错误的（　　）
    A. 在机体热能是最低级的能量形式
    B. 机体不能利用热能做功
    C. 机体不能将热能转化为其他形式的能量
    D. 热能对机体没有用处
    E. 热能由体表散发出去
19. 关于呼吸商的叙述,下列哪项是错误的（　　）

A. 一般情况下,呼吸商常变动在0.71~1.00之间
B. 一般正常人摄取食物时,呼吸商在0.85左右
C. 某种情况下,正常人呼吸商可超过1.00
D. 某种情况下,正常人呼吸商可低于0.71
E. 肺过度通气时,呼吸商降低

20. 关于能量代谢的叙述,下列哪项是错误的(　　)
    A. 肌肉活动对于能量代谢影响最大
    B. 脑组织代谢水平很高
    C. 蛋白质为机体主要供能物质
    D. 脑组织的能量代谢主要来自糖的有氧氧化
    E. 安静状态下,脑组织的耗氧量为肌肉组织的20倍

21. 下列哪些情况基础代谢率最低(　　)
    A. 安静时   B. 基础条件下
    C. 清醒后未进食前   D. 平卧时
    E. 熟睡时

22. 基础代谢率的实测值与正常平均值相差多少时不属于病态(　　)
    A. ±0%~20%   B. ±10%~15%
    C. ±20%~25%   D. ±20%~30%
    E. ±30%

23. 关于基础代谢的叙述,下列哪项是错误的(　　)
    A. 在基础条件下测定   B. 通常是以 $kJ/m^2 \cdot h$ 表示
    C. 机体最低的代谢水平   D. 临床多用相对值表示
    E. 与体重不成比例关系

24. 下列哪项因素不影响体温的生理波动(　　)
    A. 昼夜节律   B. 性别差异
    C. 年龄差异   D. 情绪变化
    E. 身高体重差异

四、多项选择题

1. 下列物质哪些可作为机体的能源(　　)
    A. 水   B. 糖
    C. 脂肪   D. 蛋白质
    E. 维生素

2. 测定基础代谢率时,受试者应(　　)
    A. 禁食24小时   B. 精神安定
    C. 静卧   D. 室温20℃~25℃

E. 清醒状态
3. 下列有关能量代谢的叙述,正确的是(　　)
   A. 糖类氧化时释放的能量较蛋白质多
   B. 机体所需能量全部由糖类提供
   C. 脂肪也可参与供能
   D. 糖以肝糖原和肌糖原的形式作为能源储备
   E. 脂肪氧化时释放的能量比等质量葡萄糖多
4. 下列有助于间接测热法测定机体产热量的有(　　)
   A. 食物的热价   B. 食物的氧热价
   C. 呼吸商   D. 单位时间内耗氧量
   E. 单位时间内二氧化碳的产量
5. 下列哪些属于机体在寒冷环境中对体温的调节(　　)
   A. 交感神经紧张性增高   B. 皮肤血管收缩,散热量减少
   C. 出现寒战   D. 提高基础代谢率,增加产热量
   E. 甲状腺分泌量下降
6. 有关女子基础体温的叙述,正确的是(　　)
   A. 基础体温随体内雌激素水平的波动而波动
   B. 基础体温随体内孕激素及代谢产物的变化而变化
   C. 基础体温在排卵前较低
   D. 排卵后基础体温升高 1℃左右
   E. 基础体温的降低可作为判断排卵日期的标志之一
7. 生理性基础体温调节包括(　　)
   A. 改变皮肤血流量   B. 发汗
   C. 寒战   D. 蜷曲身体
   E. 甲状腺分泌增多
8. 关于体温,下列叙述正确的是(　　)
   A. 机体体温是恒定的,任何时候都是 37℃
   B. 女子体温低于男子
   C. 儿童体温高于成人
   D. 老人体温有下降倾向
   E. 新生儿体温易波动
9. 参与体温调节的中枢递质有(　　)
   A. 肾上腺素   B. 去甲肾上腺素
   C. 5-羟色胺   D. 多巴胺
   E. 甲状腺素
10. 下列哪些因素可能影响皮肤温度(　　)

A. 发汗　　　　　　　　B. 皮肤血流量
C. 环境温度　　　　　　D. 精神紧张
E. 增加衣着

习题八　泌尿系统

一、名词解释

1. 肾小球滤过率（glomerular filtration rate）
2. 滤过分数（filtration fraction）
3. 肾小球有效滤过压（effective filtration pressure of renal glomerulus）
4. 肾糖阈（renal threshold for glucose）
5. 球管平衡（glomerulotubular balance）
6. 水利尿（water diuresis）
7. 渗透性利尿（osmotic diuresis）

二、填空题

1. 正常人动脉血压保持在_____范围时，肾血流量保持相对恒定。交感神经兴奋时，肾血管_____。
2. 肾脏内与肾素分泌调节有关的感受器是_____和_____。
3. 肾脏的主要功能有_____、_____和_____。
4. 尿生成的基本过程为_____、_____和_____。
5. 肾小球滤过的主要动力是_____，等于_____。
6. 滤过分数是指_____与_____的比值。
7. 影响肾小球滤过的因素包括_____、_____和_____。
8. 在远曲小管和集合管对水的重吸收主要接受_____的调节。糖尿病人的多尿属于_____。
9. 肾小管和集合管有分泌_____、_____和_____的作用。
10. 酸中毒时 H^+-Na^+ 交换_____，K^+-Na^+ 交换_____，导致血K^+_____。
11. 血管升压素由下丘脑_____和_____分泌，并在_____释放入血，主要受_____和_____调节。
12. 当血浆胶体渗透压增高时，可以使肾小球滤过率_____，肾小管重吸收_____。
13. 肾外髓部高渗梯度形成的主要原因是_____，内髓部高渗梯度形成则与_____有关。
14. 尿液的浓缩主要是小管液在通过集合管时完成，其关键因素是_____和

_____的作用。

15. 排尿反射的初级中枢在_____。

16. 肾盂或输尿管结石的情况下囊内压_____，有效滤过压_____，肾小球滤过率_____，尿量_____。

17. 近球小管的重吸收率始终占肾小球滤过率的_____，这种现象称为_____。

18. ADH 主要作用是_____远曲小管和集合管对水的重吸收，使尿量_____。

19. 醛固酮能使近曲小管和集合管对_____重吸收和对_____的分泌起到_____的作用。

20. 由家兔耳缘静脉注射高渗葡萄糖引起尿量增加的主要原因是小管液溶质浓度_____，妨碍近球小管对_____的重吸收，小管液中的_____被稀释而浓度下降，_____重吸收减少，因此不仅尿量增多，_____排出也增多，这种利尿方式称为_____。

21. 由家兔耳缘静脉快速注射生理盐水 30 mL，可使血浆胶体渗透压_____，肾小囊内压_____，肾小球有效滤过压_____。

22. 去甲肾上腺素使肾脏血管_____，血压_____，尿量_____。

25. 当全身动脉血压在一定范围内波动时，由于肾血流具有_____机制，可使肾小球毛细血管血压维持稳定。

三、单项选择题

1. 近髓肾单位的主要功能是（　　）
   A. 产生肾素　　　　　　　　B. 浓缩、稀释尿液
   C. 排泄 Na^+ 和 Cl^-　　　　D. 释放血管升压素
   E. 分泌

2. 有关肾的内分泌功能，下列哪项是错误的（　　）
   A. 分泌前列腺素　　　　　　B. 分泌肾素
   C. 分泌肾上腺素　　　　　　D. 分泌促红细胞生成素
   E. 生成 1,25 二羟维生素 D_3

3. 致密斑的主要功能是（　　）
   A. 直接释放肾素颗粒
   B. 引起入球小动脉收缩
   C. 直接感受入球小动脉收缩
   D. 感受流经远曲小管的 NaCl 浓度变化
   E. 牵张感受作用

4. 在一定血压范围内肾血流量保持相对稳定主要靠（　　）

A. 神经调节 B. 体液调节
C. 自身调节 D. 多种调节
E. 神经-体液调节
5. 交感神经兴奋时,肾血流量( )
   A. 不变 B. 减少
   C. 增多 D. 先减少后增多
   E. 先增多后减少
6. 重吸收葡萄糖的部位是( )
   A. 近端小管 B. 髓袢升支细段
   C. 集合管 D. 髓袢升支粗段
   E. 远端小管
7. 关于肾小球的滤过,下述哪项是错误的( )
   A. 出球小动脉收缩,原尿量增加
   B. 血浆晶体渗透压升高,原尿量减少
   C. 肾小囊内压升高,原尿量减少
   D. 肾小球滤过面积减小,原尿量减少
   E. 一般滤过率比较稳定
8. 不论终尿是稀释尿还是浓度缩尿,哪一段小管液始终是低渗的( )
   A. 近曲小管 B. 髓袢降支
   C. 髓袢升支 D. 远曲小管
   E. 近端小管
9. 关于抗利尿激素,下述哪项是错误的( )
   A. 由神经垂体释放
   B. 使远曲小管和集合管上皮细胞对水的通透性加大
   C. 血浆胶体渗透压升高,刺激渗透压感受器增加分泌
   D. 大静脉和心房扩张时,抗利尿激素分泌减少
   E. 视上核和室旁核合成
10. 水的重吸收在下述哪个部位接受ADH调节( )
    A. 近球细胞 B. 髓袢降支
    C. 髓袢升支 D. 远曲小管和集合管
    E. 球旁器
11. 肾糖阈的正常值为( )
    A. 8~9 mmol/L B. 9~10 mmol/L
    C. 10~11 mmol/L D. 11~12 mmol/L
    E. 13~14 mmol/L
12. 血浆胶体渗透压降低,肾小球滤过量( )

A. 增多 B. 减少
C. 不变 D. 先减少后增多
E. 先增多后减少

13. 正常成年人的肾小球滤过率为(　　)
    A. 80 mL/min B. 100 mL/min
    C. 125 mL/min D. 150 mL/min
    E. 160 mL/min

14. 肾小管中重吸收能力量强的部位是(　　)
    A. 近端小管 B. 远端小管
    C. 髓袢细段 D. 集合管
    E. 髓袢粗段

15. 关于排尿反射,下述哪项不正确(　　)
    A. 排尿反射的基本中枢在骶髓 B. 排尿时阴部神经抑制
    C. 副交感神经兴奋膀胱逼尿肌 D. 交感神经兴奋膀胱逼尿肌
    E. 正反馈

16. 注射去甲肾上腺素引起少尿的主要原因是(　　)
    A. 肾小球毛细血管血压明显下降 B. 血浆胶体渗透压升高
    C. 囊内压升高 D. 滤过膜通透性减小
    E. 血压降低

17. 在兔急性实验中,静注20%葡萄糖溶液引起尿量增加的主要原因是(　　)
    A. 肾小球滤过率增加 B. 肾小管液中溶质浓度增加
    C. 尿道外括约肌收缩 D. 血浆胶体渗透压升高
    E. 血压升高

18. 关于肾素,下列哪项是错误的(　　)
    A. 它是由颗粒细胞分泌的
    B. 流经致密斑的小管液 Na^+ 浓度升高时,可刺激它分泌
    C. 交感神经兴奋,可刺激它分泌
    D. 入球小动脉血压下降时,可刺激它分泌
    E. 儿茶酚胺激素促进分泌

19. 损毁视上核,尿量和尿浓缩将出现(　　)
    A. 尿量增加,尿高度稀释 B. 尿量增加,尿浓缩
    C. 尿量减少,尿高度稀释 D. 尿量减少,尿浓缩
    E. 尿量不变

20. 血管升压素对肾脏的作用是(　　)
    A. 抑制肾小球的滤过作用
    B. 增加远曲小管和集合管对水的通透性

C. 减少肾血流量
D. 促进肾小管对 Na^+ 的重吸收
E. 排尿

21. 促进醛固酮分泌的主要因素是（   ）
    A. 血 Na^+ 升高
    B. 血 K^+ 降低
    C. 肾素
    D. 血管紧张素
    E. 心房钠尿肽

22. 醛固酮对远曲小管和集合管的作用是（   ）
    A. 促进 Na^+ 重吸收和对 K^+ 的排泄
    B. 促进 K^+ 重吸收和对 Na^+ 的排泄
    C. 促进 Na^+ 重吸收，抑制 K^+ 排泄
    D. 促进 K^+ 重吸收，抑制 Na^+ 排泄
    E. 浓缩尿

23. 浓缩尿液的主要部位在（   ）
    A. 集合管
    B. 远曲小管
    C. 髓袢
    D. 近曲小管
    E. 肾小球

24. 肾小管实现排酸保碱作用最主要是通过（   ）
    A. 尿酸排出
    B. H^+ 的分泌和 H^+-Na^+ 交换
    C. K^+ 的分泌和 K^+-Na^+ 交换
    D. 铵盐排出
    E. 排水

25. 下列不属肾脏功能的是（   ）
    A. 生成尿液
    B. 分泌醛固酮
    C. 参与调节水电解质平衡
    D. 与酸碱平衡调节密切相关
    E. 分泌 EPO

26. 大量饮清水后，尿量增多的主要原因是（   ）
    A. 血浆胶体渗透压降低
    B. 醛固酮分泌减少
    C. 肾小球滤过率增加
    D. 血管升压素分泌减少
    E. 肾素增加

四、多项选择题

1. 与肾小球滤过有关的因素是（   ）
   A. 有效滤过压
   B. 滤过膜通透性
   C. 滤过膜总面积
   D. 肾血流量
   E. 肾小囊胶体渗透压

2. 肾脏的生理功能有（   ）

A. 生成尿液,排泄大量代谢终产物   B. 参与调节水、电解质平衡
C. 分泌肾素   D. 分泌血管升压素
E. 参与调节酸碱平衡

3. 在肾小管和集合管中完全或绝大部分被重吸收的物质有(　　)
   A. Na^+、K^+、Cl^- B. H_2O
   C. 尿素   D. 肌酐
   E. 葡萄糖

4. 下列哪些物质在近端小管能主动重吸收(　　)
   A. Na^+ B. K^+
   C. Cl^- D. 葡萄糖
   E. 水

5. 关于肾小管分泌氢离子下述哪几项是正确的(　　)
   A. 分泌的 H^+ 是细胞代谢的产物
   B. 与 Na^+ 存在 H^+-Na^+ 交换
   C. 与肾小管液中 HCO_3^- 结合生成 H_2CO_3
   D. 不影响 NH_3 的分泌
   E. 碳酸酐酶活性增加,H^+ 的分泌减少

6. 与大量饮水引起尿量增多的因素有(　　)
   A. 有效循环血流量增多   B. 血浆胶体渗透压下降
   C. 血浆晶体渗透压下降   D. 血管升压素分泌释放减少
   E. 醛固酮分泌减少

7. 大量失血引起尿量减少是因为(　　)
   A. 循环血量减少   B. 肾小球滤过率减少
   C. 醛固酮分泌增多   D. 血管升压素分泌释放增多
   E. 发汗量增多

8. 以下哪些属于主动重吸收(　　)
   A. 肾脏对水的重吸收   B. 近曲小管对 Na^+ 的重吸收
   C. 近曲小管对 Cl^- 的重吸收   D. 近曲小管对葡萄糖的重吸收
   E. 近曲小管对 K^+ 的重吸收

9. 正常尿液中不应该出现哪些物质(　　)
   A. 氯化钠   B. 氯化铵
   C. 葡萄糖   D. 蛋白质
   E. 尿素

10. 对尿量调节作用较大的激素有(　　)
    A. ADH   B. PTH
    C. T_3、T_4 D. 醛固酮

E. 胰岛素
11. 循环血量减少时,反射引起血管升压素释放增加的感受器是( )
    A. 颈动脉窦压力感受器　　　　B. 左心房及腔静脉处容量感受器
    C. 下丘脑渗透压感受器　　　　D. 延髓化学感受器
    E. 颈动脉体化学感受器
12. 以下哪些属于渗透性利尿( )
    A. 大量饮水使尿量增多　　　　B. 糖尿病患者的多尿
    C. 静滴20%甘露醇　　　　　　D. 静滴5%葡萄糖1 000 mL
    E. 静滴生理盐水
13. 下述有关血管升压素的叙述,哪些是错误的( )
    A. 它是由神经垂体合成的激素
    B. 可增加远曲小管和集合管对水的通透性
    C. 血浆晶体渗透压降低可使它的分泌减少
    D. 循环血量减少,血管升压素分泌减少
    E. 血管升压素使尿量减少
14. 机体在酸中毒时表现为( )
    A. 肾小管H^+的分泌增加　　　B. HCO_3^-重吸收减少
    C. H^+-Na^+交换增强　　　　D. K^+-Na^+交换也增强
    E. 血钾浓度降低
15. 用家兔进行"影响尿生成因素"的实验结果中错误的是( )
    A. 静注大量生理盐水,尿量增加
    B. 静注1∶10 000去甲肾上腺素0.5 mL,尿量增加
    C. 静注速尿,尿量增加
    D. 静注垂体后叶素2 U,尿量增加
    E. 静注20%葡萄糖5 mL,尿量增加
16. 肾脏内调节肾素分泌的感受器有( )
    A. 间质细胞感受器　　　　　　B. 入球小动脉壁的牵张感受器
    C. 肾小囊脏层的压力感受器　　D. 致密斑感受器
    E. 远曲小管感受器
17. 与血浆比较,终尿中缺乏的物质有( )
    A. 蛋白质　　　　　　　　　　B. Na^+
    C. K^+　　　　　　　　　　　D. Cl^-
    E. 葡萄糖
18. 对抗原尿生成的因素有( )
    A. 肾小球毛细血管血压　　　　B. 血浆胶体渗透压
    C. 血浆晶体渗透压　　　　　　D. 肾小囊胶体渗透压

E. 肾小囊囊内压

19. 机体在大失血应急情况下调节肾血流量的主要神经、体液因素有（   ）
    A. 交感神经　　　　　　　　B. 副交感神经
    C. 前列腺素　　　　　　　　D. 肾上腺素
    E. 血管紧张素原

20. 调节远曲小管和集合管重吸收的激素主要有（   ）
    A. 去甲肾上腺素　　　　　　B. 血管紧张素
    C. 血管升压素　　　　　　　D. 甲状腺素
    E. 醛固酮

21. 葡萄糖在近曲小管重吸收的特点是（   ）
    A. 65%～70%重吸收　　　　B. 100%重吸收
    C. 借载体扩散　　　　　　　D. 与Na^+重吸收耦联进行
    E. 重吸收没有限度

22. Na^+在近曲小管重吸收的方式主要是（   ）
    A. H^+-Na^+交换　　　　　B. K^+-Na^+交换
    C. 以泵-漏方式主动重吸收　　D. 与HCO_3^-耦联重吸收
    E. 生成铵盐

23. 调节血管升压素合成和释放的因素有（   ）
    A. 血浆晶体渗透压　　　　　B. 循环血量
    C. 交感神经　　　　　　　　D. 迷走神经
    E. 血浆胶体渗透压

24. 由肾脏生成,与调节动脉血压有关的活性物质有（   ）
    A. 肾素　　　　　　　　　　B. 血管紧张素原
    C. 促红细胞生成素　　　　　D. 前列腺素
    E. 1,25 二羟维生素D_3

25. 促进球旁细胞分泌肾素的因素有（   ）
    A. 动脉血压下降　　　　　　B. 循环血量减少
    C. 肾小球滤过Na^+量减少　　D. 交感神经兴奋
    E. 肾上腺素分泌增多

26. 有关水利尿的叙述是（   ）
    A. 大量饮水后使血浆晶体渗透压降低
    B. 对渗透压感受器刺激减弱
    C. ADH 合成与释放减少
    D. 尿量增加
    E. 生理意义是维持机体水与渗透压平衡

27. 肾脏产生的活性物质有（   ）

A. 肾素　　　　　　　　　B. 前列腺素

C. 1,25 二羟维生素 D_3　　D. 醛固酮

E. 促红细胞生成素

28. 影响肾小管重吸收的因素有（　　）

    A. 肾小管内溶质浓度　　　B. 肾小管上皮细胞功能

    C. 肾小球滤过率　　　　　D. 血管升压素

    E. 醛固酮

29. 肾小管参与机体酸碱调节的活动过程包括（　　）

    A. 分泌 H^+ 和 H^+-Na^+ 交换　　B. 分泌 NH_3 和生成铵盐

    C. 分泌 K^+ 和 K^+-Na^+ 交换　　D. 排出 HCO_3^-

    E. 以上都是

30. 关于醛固酮的叙述正确的是（　　）

    A. 由肾上腺髓质分泌

    B. 促进远曲小管和集合管对 Na^+ 的重吸收和对 K^+ 的排泄

    C. 循环血量减少，促进其分泌

    D. 血钾浓度升高，使其分泌减少

    E. 血钠浓度降低，使其分泌增加

31. 促进血管升压素合成释放的因素有（　　）

    A. 血浆晶体渗透压升高　　B. 循环血量减少

    C. 动脉血压下降　　　　　D. 疼痛刺激

    E. 情绪紧张

32. 排尿过程是（　　）

    A. 膀胱内尿量增加，内压升高，刺激膀胱壁牵张感受器

    B. 传入冲动传至脊髓排尿中枢

    C. 上传至大脑皮层产生尿意

    D. 环境适合排尿时，盆神经兴奋，腹下神经和阴部神经抑制

    E. 膀胱收缩，括约肌舒张，尿液排出

习题九　　神经系统的功能

一、名词解释

1. 脊休克（spinal shock）
2. 牵涉痛（referred pain）
3. 兴奋性突触后电位（Excitatory Post Synaptic Potential，EPSP）
4. 抑制性突触后电位（Inhibitory Post Synaptic Potential，IPSP）
5. 牵张反射（stretch reflex）
6. 突触传递（synaptic transmission）
7. 腱反射（tendon reflex）
8. 肌紧张（muscle tonus）
9. 去大脑僵直（decerebrate rigidity）

二、填空题

1. 支配消化器官的副交感神经主要是_____，兴奋时使胃肠运动_____，胆囊、括约肌_____，消化腺分泌_____。
2. 化学性突触的结构由_____、_____和_____组成。
3. 牵张反射有_____、_____两种类型，其中_____是维持躯体姿势最基本的反射活动。
4. 特异投射系统的功能是产生_____，并激发神经冲动；非特异投射系统的功能是维持和改变大脑皮质的_____，使机体保持_____状态。
5. 中枢兴奋传递的特征主要有_____、_____、_____、_____、_____和_____。
6. 神经纤维传导兴奋的特征有_____、_____、_____和_____。
7. 由突触前膜释放参与突触传递的化学物质称_____；兴奋性突触后电位是指突触前膜释放_____，使突触后膜产生的局部_____电位。
8. 抑制性突触后电位是指突触前膜释放_____递质，抑制性突触后电位产生的离子基础主要是突触后膜对_____的通透增加。
9. 肾上腺素能受体可分为两型，它们是_____受体和_____受体；胆碱能受体也可分为两型，它们是_____受体和_____受体。
10. 自主神经节细胞上的受体属于_____受体中的_____型受体；骨骼肌神经肌接头的终板膜上的受体属于_____受体中的_____型受体。

11. 大脑皮层第一体表感觉区位于_____，该感觉区的投射特点是_____、_____和_____。

三、单项选择题

1. 当兴奋性递质与突触后膜结合后，引起突触后膜（　　）
   A. 钠、钾离子通透性增加，出现去极化
   B. 钠、钙离子通透性增加，出现超极化
   C. 钾、氯离子通透性增加，出现超极化
   D. 钾、钙离子通透性增加，出现去极化
   E. 钠、氯离子通透性增加，出现去极化

2. 突触前抑制产生的机制是（　　）
   A. 突触前神经元释放抑制性递质增多
   B. 中间神经元释放抑制性递质增多
   C. 突触前神经元释放的兴奋性递质减少
   D. 突触后膜超极化，突触后神经元的兴奋性降低
   E. 突触间隙加宽

3. 神经递质的释放过程是（　　）
   A. 入泡作用　　　　　　B. 出泡作用
   C. 易化扩散　　　　　　D. 主动运输
   E. 单纯扩散

4. 下列关于兴奋性突触传递的叙述，哪一项是错误的（　　）
   A. Ca^{2+}由膜外进入突触前膜内
   B. 突触前轴突末梢去极化
   C. 突触后膜对Na^+、K^+，尤其是对K^+的通透性升高
   D. 突触小泡释放递质，并与突触后膜受体结合
   E. 突触后膜电位去极化达阈电位时，引起突触后神经元产生动作电位

5. 关于突触传递的下述特征中，哪一项是错误的（　　）
   A. 单向传递　　　　　　B. 中枢延搁
   C. 兴奋节律不变　　　　D. 总和
   E. 易疲劳

6. 下列哪种神经元的连接方式是产生反馈性调节作用的结构基础（　　）
   A. 单线式联系　　　　　B. 聚合式联系
   C. 环状联系　　　　　　D. 辐散式联系
   E. 链锁状联系

7. 关于脊休克的下列叙述，错误的是（　　）
   A. 脊髓突然横断后，断面以下的脊髓反射活动暂时丧失

B. 断面以下的脊髓反射、感觉和随意运动均可逐渐恢复
C. 动物进化程度越高,其恢复速度越慢
D. 脊休克的产生是由于突然失去高位中枢的调控作用
E. 反射恢复后,第二次横切脊髓不再导致休克

8. 在中脑上下丘之间切断动物脑干,可出现(　　)
   A. 脊休克　　　　　　　　B. 肢体痉挛性麻痹
   C. 去大脑僵直　　　　　　D. 去皮质僵直
   E. 腱反射增强,肌张力降低

9. 抑制肌紧张的中枢部位有(　　)
   A. 小脑前叶两侧部
   B. 前庭核和纹状体
   C. 小脑前叶蚓部和前庭核
   D. 纹状体、小脑前叶蚓部和网状结构抑制区
   E. 网状结构抑制区

10. 执行随意运动"指令"的部位在大脑皮质的(　　)
    A. 顶叶　　　　　　　　　B. 颞叶
    C. 中央前回　　　　　　　D. 中央后回
    E. 枕叶

11. 震颤麻痹患者的病变主要部位是(　　)
    A. 尾核　　　　　　　　　B. 苍白球
    C. 底丘脑　　　　　　　　D. 黑质
    E. 红核

12. 震颤麻痹的主要症状有(　　)
    A. 全身肌紧张降低　　　　B. 腱反射减弱
    C. 面部表情呆板　　　　　D. 运动多
    E. 意向性震颤

13. 小脑绒球小结叶的生理功能是(　　)
    A. 加强肌紧张　　　　　　B. 维持身体平衡
    C. 抑制肌紧张　　　　　　D. 协调随意运动
    E. 管理远端肢体的精细运动

14. 儿茶酚胺与α受体结合后,可产生抑制作用的部位是(　　)
    A. 子宫　　　　　　　　　B. 扩瞳肌
    C. 支气管　　　　　　　　D. 小肠
    E. 括约肌

15. 自主神经系统神经末梢的化学递质主要是去甲肾上腺素和(　　)
    A. GABA　　　　　　　　　B. ATP

C. 多巴胺 D. 乙酰胆碱
E. 5-HT

16. M受体的阻断剂是（　　）
   A. 阿托品 B. 六烃季铵
   C. 十烃季铵 D. 育亨宾
   E. 普萘洛尔(心得安)

17. 注射大量肾上腺素后，血压（　　）
   A. 上升 B. 下降
   C. 先上升后下降 D. 先下降后上升
   E. 不变

18. 可被箭毒阻断的受体是（　　）
   A. M受体 B. N受体
   C. α受体 D. β受体
   E. P物质

19. 肾上腺素能纤维包括（　　）
   A. 大部分交感神经节前纤维 B. 大部分交感神经节后纤维
   C. 副交感神经节前纤维 D. 副交感神经节后纤维
   E. 交感神经节前与节后纤维

20. 交感神经节后纤维的递质是（　　）
   A. 去甲肾上腺素 B. 乙酰胆碱
   C. 乙酰胆碱或去甲肾上腺素 D. 5-羟色胺
   E. 多巴胺

21. α受体的阻断剂是（　　）
   A. 酚妥拉明 B. 六烃季铵
   C. 十烃季铵 D. 普萘洛尔(心得安)
   E. 阿托品

22. 骨骼肌终板膜上的受体是（　　）
   A. M受体 B. N_1受体
   C. N_2受体 D. α受体
   E. β受体

23. 使瞳孔缩小，心率减慢，胃肠收缩加强的递质是（　　）
   A. 去甲肾上腺素 B. ATP
   C. 5-HT D. 乙酰胆碱
   E. P物质

24. 反射弧中最容易出现疲劳的部位是（　　）
   A. 感受器 B. 传入神经元

C. 反射中枢 D. 传出神经元
E. 效应器

25. 胆囊病变时的疼痛可能牵涉到（　　）
   A. 左肩部 B. 右肩部
   C. 心前区 D. 左上臂
   E. 脐区

26. 第二信号系统是（　　）
   A. 人类独有的 B. 高等动物独有的
   C. 低等动物独有的 D. 人和高等动物共有的
   E. 高等和低等动物共有的

27. 慢波睡眠可出现（　　）
   A. 脑电呈现同步化慢波 B. 脑电呈现去同步化快波
   C. 眼球快速运动 D. 躯体抽动
   E. 血压升高

28. 以下哪项不属于小脑的功能（　　）
   A. 维持身体平衡 B. 协调随意运动
   C. 调节肌紧张 D. 调节随意运动
   E. 以上都是

29. 化学性突触传递过程是（　　）
   A. 电—化学—电 B. 电—电—化学
   C. 化学—电—电 D. 化学—化学—电
   E. 化学—电—化学

30. 丘脑特异投射系统的主要功能是（　　）
   A. 维持觉醒 B. 调节内脏功能
   C. 调节肌紧张 D. 调节随意运动
   E. 引起特定的感觉并激发大脑皮质发出神经冲动

四、多项选择题

1. 当突触前末梢释放的递质与突触后膜结合后（　　）
   A. 兴奋性递质引起突触后膜产生 EPSP
   B. 兴奋性递质直接引起突触后神经元产生一个动作电位
   C. 抑制性递质引起突触后膜产生 IPSP
   D. 抑制性递质直接引起突触后神经元产生一个动作电位
   E. 兴奋性递质提高突触后膜对 Na^+ 和 K^+ 的通透性

2. 下列关于突触后抑制的叙述，正确的是（　　）
   A. 可分为传入侧支性抑制和回返性抑制两种

B. 由抑制性中间神经元释放抑制性递质引起的
C. 突触后膜产生 IPSP
D. 突触后膜产生 EPSP
E. 一个兴奋性神经元不能直接引起突触后神经元抑制

3. 中枢神经递质可分为以下哪几类（　　）
   A. 乙酰胆碱　　　　　　　　B. 单胺类
   C. 氨基酸类　　　　　　　　D. 固醇类
   E. 肽类

4. 中枢神经元的连接方式有（　　）
   A. 单线式联系　　　　　　　B. 辐散式联系
   C. 聚合式联系　　　　　　　D. 环状联系
   E. 链锁状联系

5. 当动物或人的脊髓横断处于脊休克期间，将出现下列症状（　　）
   A. 尿、便失禁　　　　　　　B. 骨骼肌紧张性降低或消失
   C. 发汗反应增强　　　　　　D. 血压下降
   E. 外周血管扩张

6. 下列关于牵张反射的叙述，正确的是（　　）
   A. 牵张反射是维持姿势的基本反射
   B. 有神经支配的骨骼肌受到外力牵拉时反射性地引起受牵拉的同一肌肉收缩
   C. 脊髓的牵张反射主要表现在伸肌
   D. 牵张反射的感受器是肌梭
   E. 在脊髓与高位中枢离断后，牵张反射永远消失

7. 去大脑僵直时（　　）
   A. 伸肌紧张性亢进　　　　　B. 血压降低
   C. 伸肌肌梭传入冲动减少　　D. 四肢伸直，脊柱挺硬
   E. 脑干网状结构易化区活动占明显优势

8. 舞蹈症的产生是由于（　　）
   A. 胆碱能神经元功能低下
   B. GABA 能神经元功能低下
   C. 上述两种神经元减少了对感觉神经元的抑制
   D. 黑质 DA 能神经元功能增强
   E. Ach 递质系统功能亢进

9. 自主神经系统神经末梢的化学递质是（　　）
   A. 去甲肾上腺素　　　　　　B. 乙酰胆碱
   C. ATP　　　　　　　　　　D. 血管活性肠肽

E. 多巴胺
10. 应用阿托品可出现（ ）
    A. 瞳孔扩大　　　　　　　　B. 心跳加快
    C. 唾液减少　　　　　　　　D. 汗液减少
    E. 消化管的括约肌收缩
11. 胆碱能纤维包括（ ）
    A. 交感神经节前纤维　　　　B. 副交感神经节前纤维
    C. 大部分交感神经节后纤维　D. 大部分副交感神经节后纤维
    E. 支配汗腺的交感神经节后纤维
12. 能使骨骼肌松弛的阻断剂是（ ）
    A. 普萘洛尔(心得安)　　　　B. 箭毒
    C. 酚妥拉明　　　　　　　　D. 十烃季铵
    E. 阿托品
13. 儿茶酚胺与α受体结合后产生的效应是（ ）
    A. 心率加快　　　　　　　　B. 支气管平滑肌舒张
    C. 血管舒张　　　　　　　　D. 小肠平滑肌舒张
    E. 子宫平滑肌舒张
14. 交感神经兴奋可使（ ）
    A. 腹腔内脏血管收缩　　　　B. 支气管平滑肌收缩
    C. 胃肠运动减弱　　　　　　D. 膀胱逼尿肌舒张
    E. 瞳孔缩小
15. 自主神经的功能特点是（ ）
    A. 交感-肾上腺系统常作为整体被动员参与应急
    B. 自主神经中枢具有紧张性作用
    C. 人体内脏器官大部分受交感和副交感神经的双重支配
    D. 全部交感神经节后纤维释放去甲肾上腺素
    E. 交感和副交感神经的作用往往是拮抗的
16. 下列关于非特异投射系统的叙述，正确的有（ ）
    A. 弥散投射到大脑皮质的广泛区域　B. 有点对点的联系
    C. 维持大脑皮质的兴奋状态　　　　D. 引起特定感觉
    E. 切断非特异投射系统的动物仍保持清醒
17. 下列关于特异投射系统的叙述，正确的有（ ）
    A. 每种感觉有专一传导途径　　　　B. 有点对点的联系
    C. 引起特定感觉　　　　　　　　　D. 维持大脑皮质的兴奋状态
    E. 激发大脑皮质发出传出神经冲动
18. 中央后回的感觉投射规律是（ ）

A. 躯体感觉传入冲动向皮质投射是交叉的

B. 头面部感觉的投射是双侧性的

C. 投射区具有精细的定位

D. 上肢代表区在中间部

E. 下肢代表区在底部

19. 内脏痛的特点有（　　）

    A. 对机械牵拉、缺血、痉挛和炎症敏感

    B. 痛产生的速度快

    C. 对痛的定位不精确

    D. 对痛刺激的分辨力差

    E. 有牵涉痛

20. 下列关于睡眠的叙述，正确的有（　　）

    A. 可分异相睡眠和慢波睡眠

    B. 异相睡眠又称快波睡眠，脑电波呈现快波

    C. 慢波睡眠又称同步睡眠，脑电波呈现同步化慢波

    D. 快波睡眠时无快速眼球运动

    E. 慢波睡眠时多在做梦

习题十　内分泌

一、名词解释

1. 激素（hormone）
2. 内分泌（endocrine）
3. 减衰调节（down regulation）
4. 增量调节（up regulation）
5. 应激（stress）
6. 允许作用（permissive action）
7. 第二信使（second messenger）
8. 碘阻滞效应（Wolff-Chaikoff effect）
9. 应急反应（emergency reaction）
10. 下丘脑调节肽（hypothalamic regulatory peptide）

二、填空题

1. 激素可按化学性质分为_____、_____和_____三大类。
2. 下丘脑促垂体区神经元分泌的肽类激素经_____运输到腺垂体，调节其活动。
3. 甲状旁腺激素是由_____分泌的激素，它主要调节血中_____和_____的浓度。
4. 甲状腺激素主要有_____和_____两种，甲状腺激素能使肌产热_____。
5. 调节机体钙、磷代谢的主要激素是_____、_____、_____。
6. 肾上腺皮质球状带主要分泌_____，束状带主要分泌_____，网状带主要分泌_____。
7. 应急反应主要是由_____参与，而应激反应主要是由_____参与的。
8. 胰岛素的主要生理功能是_____，血溏浓度升高时，胰岛素分泌量_____，胰高血糖素分泌量_____。
9. 幼年时期缺乏甲状腺激素导致_____，而成年人缺乏甲状腺激素将导致_____。
10. 血钙增高，甲状旁腺素分泌_____；血磷升高，甲状旁腺素分泌_____。
11. 胰岛素的主要生理作用是降低_____，促进_____和_____合成。

12. 糖皮质激素使_____升高,肝外组织_____分解,_____重新分布。
13. 神经垂体释放的激素是_____和_____。
14. 生长激素对代谢的作用是促进_____的合成,加速_____的分解,减少_____的利用,使_____升高。
15. 生理剂量的甲状腺激素使蛋白质合成_____,而甲亢时蛋白质_____,呈_____平衡。
16. 成年期_____分泌过多将引起肢端肥大症。
17. 幼年时生长激素不足可导致_____,甲状腺激素不足可导致_____。

三、单项选择题

1. 下列激素不属于腺垂体分泌的是(　　)
   A. 促性腺激素　　　　　　　B. 促肾上腺皮质激素
   C. 促甲状腺素　　　　　　　D. 催产素
   E. 催乳素
2. 不属于下丘脑调节性多肽的是(　　)
   A. 促甲状腺素释放激素　　　B. 生长素释放激素
   C. 生长抑素　　　　　　　　D. 促性腺激素
   E. 催乳素释放因子
3. 合成抗利尿激素的主要部位是(　　)
   A. 下丘脑视上核　　　　　　B. 腺垂体
   C. 神经垂体　　　　　　　　D. 甲状腺 C 细胞
   E. 甲状旁腺
4. 抗利尿激素的主要生理作用是(　　)
   A. 促进肾小管对 Na^+ 的重吸收　　B. 促进肾小管分泌 H^+
   C. 促进肾小管分泌 K^+　　　　　D. 使血管收缩,血压升高
   E. 提高远曲小管和集合管对水的通透性
5. 某男性,18 岁,身高 1.1 m,智力低下,性发育延迟,其原因是幼年时缺乏(　　)
   A. 生长激素　　　　　　　　B. 甲状腺激素
   C. 垂体激素　　　　　　　　D. 胰岛素
   E. 肾上腺素和性腺激素
6. 维持甲状腺激素相对稳定主要依靠(　　)
   A. 下丘脑的调节性多肽　　　B. 腺垂体的促激素
   C. 甲状腺的自身调节　　　　D. 下丘脑-腺垂体-甲状腺轴作用
   E. 甲状腺激素的正反馈调节
7. 食物中长期缺碘可引起(　　)
   A. 甲状腺功能亢进　　　　　B. 甲状腺组织萎缩

C. 单纯性甲状腺肿 D. 腺垂体功能减退
E. 神经垂体功能减退

8. 呆小症是由于( )
   A. 幼年时生长激素分泌不足 B. 幼年时生长激素分泌过多
   C. 婴幼儿时期甲状腺功能减退 D. 糖皮质激素分泌过多
   E. 胰岛素分泌不足

9. 对甲状旁腺素生理作用的下列说明,错误的是( )
   A. 促进溶骨过程、动员骨 Ca^{2+} 入血 B. 促进肾小管重吸收 Ca^{2+}
   C. 抑制骨小管对磷酸盐的重吸收 D. 间接促进肠道吸收 Ca^{2+}
   E. 降低血钙,升高血磷

10. 不属于胰岛素的生理作用是( )
    A. 促进组织细胞对糖的摄取、贮存和利用
    B. 促进脂肪的分解和利用
    C. 促进蛋白质的合成
    D. 促进 K^+ 进入细胞内
    E. 促进 DNA、RNA 的合成

11. 胰岛素不能降低( )
    A. 血糖浓度 B. 血脂肪酸浓度
    C. 血氨基酸浓度 D. 血 K^+ 浓度
    E. 血 Na^+ 浓度

12. 调节胰岛素分泌的最重要因素是( )
    A. 血中脂肪酸 B. 血中氨基酸
    C. 血糖 D. 胃肠激素
    E. 血钠

13. 肾上腺髓质分泌( )
    A. 性激素 B. 肾上腺素与去甲肾上腺素
    C. 胰高血糖素 D. 盐皮质激素
    E. 胰岛素

14. 肾上腺素可使( )
    A. 心输出量增加 B. 冠脉血流量增加
    C. 总外周阻力升高 D. 支气管平滑肌舒张
    E. 糖原合成,血糖降低

15. 促使远曲小管和集合管保钠排钾的激素主要是( )
    A. 糖皮质激素 B. 盐皮质激素
    C. 抗利尿激素 D. 雌激素
    E. 雄激素

16. 增强机体对有害刺激的耐受力参与应激反应的是( )
    A. 生长激素   B. 胰岛素
    C. 雄激素   D. 甲状腺激素
    E. 糖皮质激素
17. 过量时能使脂肪异常分布的激素是( )
    A. 糖皮质激素   B. 盐皮质激素
    C. 雄激素   D. 雌激素
    E. 孕激素
18. 下列激素中,不能促进蛋白质合成的是( )
    A. 生长激素   B. 甲状腺激素
    C. 胰岛素   D. 盐皮质激素
    E. 雄激素
19. 影响神经系统发育最重要的激素是( )
    A. 生长激素   B. 甲状腺激素
    C. 肾上腺素   D. 胰岛素
    E. 醛固酮
20. 克服"水中毒"应补充( )
    A. 盐皮质激素   B. 糖皮质激素
    C. 抗利尿激素   D. 胰岛素
    E. 甲状腺激素
21. 幼年时维生素 D_3 缺乏可导致( )
    A. 呆小症   B. 糖尿病
    C. 肢端肥大症   D. 侏儒症
    E. 佝偻病
22. 胰岛素分泌不足将产生( )
    A. 侏儒症   B. 呆小症
    C. 糖尿病   D. 阿狄森病
    E. 库欣综合征
23. 向心性肥胖是由下列哪种激素分泌增多所致( )
    A. 甲状腺激素   B. 甲状旁腺激素
    C. 糖皮质激素   D. 肾上腺素
    E. 胰岛素
24. 能增加机体产热,使基础代谢率(BMR)升高最明显的激素是( )
    A. 肾上腺素   B. 胰岛素
    C. 甲状腺激素   D. 睾酮
    E. 糖皮质激素

25. 以下激素能"升高血钙,降低血磷"的是( )
    A. 甲状腺激素   B. 胰岛素
    C. 甲状旁腺激素   D. 肾上腺皮质激素
    E. 生长激素

26. 合成肾上腺皮质激素的原料是( )
    A. 葡萄糖   B. 蛋白质
    C. 脂肪酸   D. 胆固醇
    E. 卵磷脂

27. 糖皮质激素不宜用于胃溃疡患者是因为糖皮质激素能( )
    A. 抑制糖的利用,使组织能源减少
    B. 使胃肠道血管收缩,血供减少
    C. 促进盐酸和胃蛋白酶原的分泌,加剧溃疡病变
    D. 分解蛋白质,影响伤口愈合
    E. 抑制成纤维细胞的增殖和功能,延长溃疡愈合

28. 糖皮质激素本身无血管收缩作用,但能加强去甲肾上腺素的缩血管作用,这种作用称为( )
    A. 直接作用   B. 拮抗作用
    C. 允许作用   D. 协同作用
    E. 反馈作用

29. 长期应用糖皮质激素治疗,停药时应注意( )
    A. 检查病人血细胞   B. 了解胃黏膜有无损伤
    C. 补充蛋白质   D. 应逐次减量停药
    E. 避免受各种伤害性刺激

30. 不能促进蛋白质合成的激素是( )
    A. 生长激素   B. 胰岛素
    C. 皮质醇   D. 甲状腺激素
    E. 雄激素

四、多项选择题

1. 激素的一般特征包括( )
    A. 特异性   B. 换能作用
    C. 高效能作用   D. 适应现象
    E. 相互作用

2. 腺垂体分泌的促激素有( )
    A. 促胰液素   B. 促甲状腺素
    C. 促肾上腺皮质激素   D. 促性腺激素

E. 促性腺激素释放素
3. 神经垂体释放的激素包括（   ）
   A. 催乳素　　　　　　　　B. 催产素
   C. 生长激素　　　　　　　D. 血管加压素
   E. 肾上腺素
4. 催产素的作用是（   ）
   A. 使妊娠子宫收缩　　　　B. 促进乳腺排乳
   C. 使心率加快　　　　　　D. 血压降低
   E. 临床用于产后宫缩无力、出血
5. 与调节生长发育有关的激素是（   ）
   A. 甲状腺激素　　　　　　B. 胰高血糖素
   C. 生长激素　　　　　　　D. 去甲肾上腺素
   E. 性激素
6. 肾上腺皮质分泌的激素有（   ）
   A. 盐皮质激素　　　　　　B. 糖皮质激素
   C. 性激素　　　　　　　　D. 肾上腺素
   E. 去甲肾上腺素
7. 糖皮质激素的作用是（   ）
   A. 增强机体对有害刺激的耐受性
   B. 对去甲肾上腺素有允许作用
   C. 促进肝内蛋白质分解，肝外蛋白质合成
   D. 使嗜酸粒细胞增高
   E. 增加胃酸和胃蛋白酶原的分泌
8. 受下丘脑-腺垂体-靶腺功能轴调节的内分泌腺是（   ）
   A. 肾上腺髓质　　　　　　B. 肾上腺皮质
   C. 甲状腺　　　　　　　　D. 甲状旁腺
   E. 性腺
9. 能促使蛋白质合成的激素有（   ）
   A. 睾酮　　　　　　　　　B. 糖皮质激素
   C. 生长激素　　　　　　　D. 雌激素
   E. 生理剂量甲状腺激素
10. 影响调机体生长发育的激素有（   ）
    A. 生长激素　　　　　　　B. T_3，T_4
    C. 性激素　　　　　　　　D. 胰岛素
    E. 肾上腺素

习题十一 生殖

一、名词解释

1. 月经(menstruation)
2. 月经周期(menstrual cycle)

二、单项选择题

1. 体内精子储存在(　　)
   - A. 睾丸
   - B. 前列腺
   - C. 精囊腺
   - D. 附睾和输精管
   - E. 尿道球腺
2. 睾酮的主要产生部位是(　　)
   - A. 睾丸生精细胞
   - B. 睾丸间质细胞
   - C. 睾丸支持细胞
   - D. 曲细精管上皮细胞
   - E. 肾上腺皮质网状带细胞
3. 下列哪项不属于睾酮的生理作用(　　)
   - A. 维持生精作用
   - B. 刺激生殖器官生长发育
   - C. 促进乳腺发育
   - D. 促进蛋白合成
   - E. 促进男性副性征出现
4. 卵巢周期性变化正确的是(　　)
   - A. 成熟卵泡是卵泡发育的最后阶段
   - B. 颗粒细胞层血管丰富
   - C. 卵泡内膜层无血管存在
   - D. 卵泡外膜与卵巢间质有明显界限
   - E. 卵泡内膜细胞演变为放射冠
5. 属于雌激素生理作用的是(　　)
   - A. 降低妊娠子宫对催产素的敏感性
   - B. 使子宫内膜增生
   - C. 使宫颈黏液减少变稠,拉丝度减少
   - D. 使阴道上皮细胞脱落加快
   - E. 通过中枢神经系统有升温作用
6. 属于孕激素生理作用的是(　　)

A. 使子宫发育和肌层增厚　　B. 使子宫内膜增生
C. 有助于卵巢积储胆固醇　　D. 使阴道上皮细胞加快脱落
E. 使宫颈黏液拉丝度加大

7. 关于卵泡的发育,下列哪项是错误的(　　)
    A. 未发育的卵泡称始基卵泡
    B. 新生儿卵巢内约有15万以上的始基卵泡
    C. 每个始基卵泡内有数个卵母细胞
    D. 卵泡周围的颗粒细胞可分泌雌激素
    E. 成熟卵泡的直径可达10～20 mm

8. 下述情况哪项符合卵巢生理(　　)
    A. 成熟卵泡的持续时间是一定的
    B. 卵泡成熟度与宫颈黏液分泌量呈平行关系
    C. 排卵后阴道上皮出现大量角化细胞
    D. 排卵后由于孕激素的中枢性升温作用故基础体温升高
    E. 整个月经周期中只出现一次雌激素高峰

9. 黄体分泌激素的高峰在排卵后的(　　)
    A. 7～8天　　　　　　　B. 9～10天
    C. 10～12天　　　　　　D. 14天
    E. 15天

10. 女性体内的雄激素主要来源于(　　)
    A. 卵巢皮质　　　　　　B. 肾上腺皮质
    C. 肾上腺髓质　　　　　D. 子宫内膜
    E. 卵巢髓质

11. 有关卵巢周期的描述正确的是(　　)
    A. 排卵后卵泡形成黄体
    B. 卵泡成熟的过程分泌雌激素和孕激素
    C. 黄体期子宫内膜出现增生期反应
    D. 黄体在排卵后14天萎缩
    E. 妇女一生约有100个左右卵子形成

12. 孕激素分泌的高峰为(　　)
    A. 排卵前　　　　　　　B. 排卵后7～8天
    C. 排卵后9～10天　　　 D. 下次月经来潮前的14天
    E. 排卵后的5～6天

参考答案

习题一 绪论

一、名词解释

1. 细胞在体内直接所处的环境即内环境。
2. 稳态指内环境的理化性质,如温度、pH、渗透压和各种体液成分等的相对恒定。
3. 反射是指机体在中枢神经系统的参与下,对内、外环境刺激所做出的规律性应答。
4. 负反馈是指受控部分发出反馈信息调整控制部分的活动,最终使受控部分的活动朝着与它原先活动相反的方向改变。
5. 正反馈是指受控部分发出反馈信息促进或加强控制部分的活动,最终使受控部分的活动朝着与它原先活动相同的方向改变。

二、填空题

1. 人体功能;器官和系统水平;细胞和分子水平;整体水平
2. 威廉哈维;《心与血的运动》
3. 神经调节;体液调节;自身调节
4. 反射;反射弧;迅速;精确;短暂

三、单项选择题

1. C 2. D 3. C 4. C 5. E 6. B 7. B 8. A 9. B

四、多项选择题

1. ABCD 2. BDE

习题二　细胞的基本功能

一、名词解释

1. 易化扩散是指在膜蛋白的帮助或介导下,非脂溶性的小分子物质或带电离子顺浓度梯度和(或)电位梯度的跨膜转运。
2. 兴奋性指机体的组织或细胞接受刺激后发生反应的能力或特性。
3. 静息电位指安静情况下细胞膜两侧存在的外正内负且相对平稳的电位差。
4. 极化指安静时细胞膜两侧处于外正内负的状态。
5. 动作电位指细胞在静息电位基础上接受有效刺激后产生的一个迅速的可向远处传播的膜电位波动。
6. 阈电位指能触发动作电位的膜电位临界值。
7. 阈强度指能使细胞产生动作电位的最小刺激强度。
8. 前负荷指肌肉收缩前所承受的负荷。

二、填空题

1. 单纯扩散;浓度差
2. 主动转运;被动转运
3. 单纯扩散;易化扩散
4. 结构特异性;饱和现象;竞争性抑制
5. 逆;消耗
6. 膜蛋白;ATP 酶;能量
7. 消耗;主动
8. 神经;肌肉;腺体
9. 去极化
10. 阈电位;Na^+
11. 静息;激活;失活
12. 不是"全或无";衰减性传导;可总和叠加
13. Ach;N 受体;Na^+;K^+;终板电位
14. 终池;钙泵

三、单项选择题

1. A　2. D　3. C　4. A　5. E　6. D　7. D　8. B　9. C　10. B

11. C 12. B 13. B 14. B 15. D 16. B

四、多项选择题

1. ABCE 2. BC 3. ACD 4. AC 5. ABCDE

习题三 血液

一、名词解释

1. 血细胞在血液中所占的容积百分比称为血细胞比容。
2. 由血浆中的晶体物质所形成的渗透压称为晶体渗透压。
3. 由血浆中蛋白质所形成的渗透压称为胶体渗透压。
4. 正常红细胞在外力作用下具有变形的能力,红细胞的这种特性称为可塑变形性。
5. 红细胞在低渗盐溶液中发生膨胀破裂的特性,称为红细胞渗透脆性。
6. 在患某些疾病时,如活动性肺结核、风湿热等,红细胞能彼此较快地以凹面相贴,称为红细胞叠连。
7. 通常以红细胞在第一小时末下沉的距离来表示红细胞的沉降速度,称为红细胞沉降率。
8. 白细胞朝向某些化学物质运动的特性,称为趋化性。
9. 血小板与非血小板表面的黏着称为血小板黏附。
10. 正常情况下,小血管受损后引起的出血在几分钟内就会自行停止,这种现象称为生理性止血。
11. 血液凝固是指血液由流动的液体状态变成不能流动的凝胶状态的过程,其实质就是血浆中的可溶性纤维蛋白原转变成不溶性的纤维蛋白的过程。
12. 纤维蛋白被分解液化的过程称为纤维蛋白溶解,简称纤溶。
13. 血型通常是指红细胞膜上特异性抗原的类型。

二、填空题

1. 7%～8%
2. 7.35～7.45;$NaHCO_3/H_2CO_3$
3. 红细胞;血浆
4. 血浆;红细胞
5. 40%～50%;37%～48%

6. 蛋白质;Na^+ 和 Cl^-

7. 胶体;晶体

8. 强;破裂

9. 65～85 g/L;40～48 g/L

10. $(4.0～5.5)*10^{12}/L$;$(3.5～5.0)*10^{12}/L$

11. 120～160 g/L;110～150 g/L

12. 蛋白质;铁

13. 促红细胞生成素;性激素

14. 促红细胞生成素

15. $(4.0～10.0)*10^9/L$;$(100～300)*10^9/L$

16. 中性粒细胞;嗜酸性粒细胞

17. 肝脏;维生素 K

18. FIII;FIV

19. XII;III

20. 抗凝血酶III;肝素

21. A;AB

22. B;O

23. A 或 AB;B 或 AB

三、单项选择题

1. C 2. C 3. D 4. A 5. B 6. D 7. A 8. D 9. C 10. C
11. A 12. D 13. C 14. A 15. A 16. D 17. B 18. A 19. E 20. B
21. E 22. E 23. D 24. A

四、多项选择题

1. ABDE 2. ABCDE 3. ABD 4. ABCD 5. AC

习题四 血液循环

一、名词解释

1. 心脏一次收缩和舒张所构成的周期称为心动周期。

2. 一侧心室一次收缩射出的血量称每搏输出量。每搏输出量＝舒张末期容积—收缩末期容积。

3. 单位时间内，一侧心室搏出的血量称为心输出量。心输出量＝搏出量×心率。

4. 单位体表面积的心输出量称为心指数。心指数＝心输出量(L/min)÷体表面积(m^2)。

5. 射血分数＝搏出量÷心室舒张末期容积×100%。

6. 心输出量随机体代谢需要而增加的能力称为心力储备。

7. 在有效不应期之后，心室受到人工的或额外病理性刺激，可产生一次期前兴奋称期前收缩，在期前收缩之后，通常出现一次较长的心室舒张期称代偿间歇。

8. 右心房和胸腔内大静脉的血压称中心静脉压。

9. 一个心动周期中动脉血压的平均值称为平均动脉压。平均动脉压＝舒张压＋1/3 脉压。

10. 由颈动脉窦和主动脉弓压力感受器引起的维持动脉血压相对稳定的反射称为降压反射。

二、填空题

1. 缩短；舒张期
2. 关闭；关闭
3. 关闭；关闭
4. 心搏出量；心率；相等
5. 收缩期；低；长
6. 舒张期；高；短
7. 关闭；开放
8. 延长；缩短；减少
9. 钾离子电流；钙离子电流
10. 兴奋性；自律性；传导性；收缩性
11. 窦房结；潜在起搏点；窦性心律；异位心律
12. 周期性变化；有效不应期长
13. 足够血液充盈；心脏射血；外周阻力
14. 高；低；高
15. 毛细血管血压；血浆胶体渗透压；组织胶体渗透压；组织静水压
16. 小动脉；微动脉；微静脉
17. 血管半径；血液黏滞性；血管半径
18. 增多；过多；肾性高血压
19. 乙酰胆碱；M；减慢；减慢；减弱
20. 去甲肾上腺素；α；β；收缩；舒张
21. 舒张

三、单项选择题

1. D 2. C 3. A 4. B 5. B 6. C 7. A 8. D 9. A 10. C
11. D 12. D 13. E 14. A 15. E 16. E 17. D 18. E 19. E 20. E
21. E 22. E 23. E 24. D 25. A 26. A 27. A 28. C 29. D 30. D
31. E 32. B 33. B 34. C 35. E 36. A 37. A 38. E 39. A 40. E
41. B 42. D 43. D 44. A 45. B 46. C 47. B 48. A 49. B 50. A
51. C 52. E 53. B 54. A 55. B

四、多项选择题

1. BC 2. ABCDE 3. BCD 4. BCDE 5. ABCD
6. ACD 7. ABCD 8. BCD 9. BCD 10. ABD
11. ACD 12. ACD 13. BCD 14. BCD 15. ABCD

习题五　呼吸

一、名词解释

1. 肺通气指肺与外界环境之间的气体交换过程,即气体进出肺的过程。

2. 在外力作用下弹性组织的可扩张性称为顺应性。容易扩张者,顺应性大,弹性阻力小;不易扩张者,顺应性小,弹性阻力大。

3. 肺表面活性物质是由肺泡Ⅱ型细胞分泌的复杂的脂蛋白混合物,主要成分为二软脂酰卵磷脂和表面活性物质结合蛋白,主要作用是降低肺泡的表面张力。

4. 平静呼吸时,每次吸入或呼出的气体量称为潮气量。正常成人约 400～600 mL。

5. 肺活量是指尽力吸气后,再用力呼气,所能呼出的最大气体量。正常成年男性平均约 3.5 L,女性约 2.5 L。

6. 最大吸气后,再用力尽快呼气,计算第 1 秒末、第 2 秒末、第 3 秒末呼出的气量占其用力肺活量的百分数,也称时间肺活量,正常成人分别为 83%、96% 和 99%。

7. 肺泡无效腔加上解剖无效腔合称为生理无效腔。正常人肺泡无效腔接近于零,故生理无效腔几乎与解剖无效腔相等。

8. 每分钟内进或出肺的气体总量。每分肺通气量=潮气量×呼吸频率,正常成人安静时约 6～8 L/min。

9. 肺泡通气量指每分钟吸入肺泡的新鲜空气量。肺泡通气量=(潮气量-无效腔气量)×呼吸频率。

10. 胸膜腔内压指胸膜腔内的压力。胸膜腔内压＝肺内压－肺回缩压。平静呼吸过程中,胸膜腔内压低于大气压,故习惯上称胸膜腔负压。

11. 每分钟肺泡通气量与每分肺血流量的比值。正常成人安静时约为0.84。

12. 氧含量指100 mL血液中血红蛋白实际结合的氧量。氧含量主要受氧分压影响。

13. Hb氧含量占氧容量的百分数,称为血氧饱和度,简称氧饱和度。血氧饱和度＝(氧容量/氧含量)×100%。

14. 氧离曲线是反映氧分压与Hb氧结合量或Hb氧饱和度关系的曲线。

15. 肺牵张反射是指肺扩张或缩小引起的反射性呼吸变化,又称黑-伯反射。肺牵张反射包括肺扩张引起吸气抑制和肺缩小引起吸气的两种反射。

二、填空题

1. 外呼吸;气体在血液中的运输;内呼吸;肺通气;肺换气;组织换气;细胞内的生物氧化

2. 呼吸运动;肺内压和大气压之间的压力差

3. 弹性阻力;非弹性阻力

4. 肺泡的表面张力;肺组织的弹性回缩力

5. 小;大

6. 腹式呼吸;腹式呼吸;胸式呼吸

7. 肺泡Ⅱ型;二棕榈酰卵磷脂;降低肺泡表面张力

8. 潮气量;补吸气量;补呼气量

9. 0.84;肺泡无效腔;功能性动-静脉短路

10. 降低;增大;右移

11. 延髓;延髓

三、单项选择题

1. A 2. C 3. D 4. B 5. A 6. D 7. E 8. E 9. C 10. E
11. B 12. A 13. C 14. E 15. D 16. C 17. D 18. A 19. D 20. C
21. B 22. B 23. D 24. E 25. D 26. E 27. B 28. D 29. B 30. B
31. C 32. D 33. E 34. A 35. C 36. B 37. D 38. C 39. D 40. E

四、多项选择题

1. ABCDE 2. ABD 3. BCDE 4. BCE 5. ACD

习题六　消化和吸收

一、名词解释

1. 消化是指食物在消化道内被分解为可吸收的小分子物质的过程,包括机械性消化和化学性消化。
2. 吸收是指经消化后的营养成分透过消化道黏膜进入血液或淋巴液的过程。
3. 胃肠激素是由肠道内的内分泌细胞合成和释放的激素。
4. 胃排空:食糜由胃排入十二指肠的过程。
5. 容受性舒张由咀嚼、吞咽动作和食物对咽、食管等处感受器的刺激反射性地引起胃底和胃体舒张。
6. 分节运动是一种以环形肌为主的节律性收缩和舒张交替进行的活动。

二、填空题

1. 机械性消化;化学性消化
2. 乙酰胆碱;增强
3. 胃肠激素
4. 黏膜下;肌间
5. 分泌;收缩;生长;释放
6. 盐酸;胃蛋白酶原;内因子;黏液;碳酸氢盐
7. 贲门腺;泌酸腺;幽门腺
8. 黏液-碳酸氢盐屏障;胃-黏膜屏障
9. 胰液;胆汁;小肠液
10. 壁细胞;维生素 B_{12};巨幼红细胞性
11. 容受性舒张;紧张性收缩;蠕动
12. 水;HCO_3^-;消化酶
13. 水;HCO_3^-;酶
14. 胆盐;乳化脂肪;促进脂肪酸及脂溶性维生素的吸收;中和胃酸及促进胆汁自身分泌
15. 分节运动;紧张性收缩;蠕动
16. 胃和十二指肠内的压力差;胃平滑肌的收缩;十二指肠内容物
17. 糖;脂肪;4~6
18. 肠激酶;胰蛋白酶原;糜蛋白酶原

19. 促进；抑制
20. 胰液；胆汁
21. 葡萄糖；氨基酸；Na^+
22. 小肠吸收面积大；食物在小肠内的停留时间长,有利于小肠充分吸收；食物在小肠内已被消化为可吸收的成分；小肠内有毛细血管、毛细淋巴管有利于吸收
23. 回肠；回肠

三、单项选择题

1. C 2. E 3. B 4. C 5. C 6. E 7. C 8. D 9. D 10. C
11. D 12. D 13. B 14. D 15. B 16. E 17. E 18. E 19. B 20. C
21. A 22. B 23. D 24. C 25. B 26. C 27. E 28. D 29. B 30. A
31. A

四、多项选择题

1. BCDE   2. ACDE   3. ACE   4. ABCE   5. ABE
6. ABDE   7. ABCDE   8. ABCD   9. BCDE   10. ACD
11. ABC   12. DE   13. ACE   14. CD   15. ACE
16. BCDE   17. ABDE   18. CDE   19. BCE   20. ABCD
21. ABDE   22. ADE

习题七　能量代谢与体温

一、名词解释

1. 体重(kg)除以身高(m)的平方所得之商。
2. 1 g 食物氧化(或在体外燃烧)时所释放出来的能量,单位为 kJ(或 kcal)。
3. 某种食物氧化时消耗 1 L 氧所产生的热量,称为食物的氧热价。
4. 呼吸商是指一定时间内机体呼出的 CO_2 量与吸入的 O_2 量的比值(CO_2/O_2)。
5. 人在进食之后的一段时间内(一般从进食后 1 小时左右开始,延续 7~8 个小时),即使在安静状态,也会出现能量代谢率增加的现象,进食能刺激机体额外消耗能量的作用,称为食物的特殊动力效应。
6. 基础状态下单位时间内的能量代谢。所谓基础状态是指人体处在清醒、安静、不受肌肉活动、环境温度、食物及精神紧张等因素的影响时的状态。
7. 体温指机体核心部分的平均温度。

二、填空题

1. 食物；热量
2. 定比；热量
3. 尿氮量；0.16
4. 平均核心；腋窝；口腔；直肠
5. 肝脏；骨骼肌
6. 下丘脑；视前区-下丘脑前部
7. 减小；上移

三、单项选择题

1. C   2. D   3. C   4. B   5. D   6. C   7. D   8. D   9. B   10. D
11. D   12. B   13. E   14. C   15. D   16. E   17. B   18. D   19. E   20. C
21. E   22. B   23. C   24. E

四、多项选择题

1. BCD   2. BCDE   3. CDE   4. ABCDE   5. ABCD
6. BCDE   7. ABCE   8. CDE   9. BCD   10. ABCDE

习题八　尿的生成和排出

一、名词解释

1. 肾小球滤过率指单位时间内两侧肾脏生成的超滤液总量，正常成年人约为 125 mL/min。

2. 滤过分数指肾小球滤过率与肾血流量的比值，正常成年人约为 19%。

3. 肾小球有效滤过压指肾小球滤过作用的动力。其压力高低决定于三种力量的大小，即有效滤过压、肾小球毛细管血压（血浆胶体渗透压囊内压）。

4. 尿中开始出现葡萄糖时的最低血糖浓度。正常值为 9~10 mmol/L（160~180 mg/dL）。

5. 不论肾小球滤过率增多或减少，近端小管的重吸收率始终占滤过率的 65%~70%，称球管平衡。其生理意义是使终尿量不致因肾小球滤过的增减而出现大幅度变动。

6. 大量饮清水后引起尿量增多，称水利尿。其主要是因为饮水量增多，血浆晶体渗透压下降,引起血管升压素的合成和释放减少所致。

7. 由于肾小管腔液中溶质浓度增高,形成高渗透压,阻止肾小管对原尿的再吸收,出现尿量增多的现象。

二、填空题

1. 80～160 mmHg;收缩
2. 致密斑;牵张感受器
3. 生成尿液、排泄代谢废物;维持体液平衡和酸碱平衡;内分泌
4. 肾小球的滤过作用;肾小管的重吸收作用;肾小管和集合管的分泌作用
5. 肾小球有效滤过压;(肾小球毛细血管血压+肾小球内液体胶体渗透压)－(血浆胶体渗透压+囊内压)
6. 肾小球滤过率;肾的血浆流量
7. 有效滤过压;肾小球血浆流量;肾小球滤过膜的改变
8. ADH;渗透性利尿
9. H^+;NH_3;K^+
10. 增多;减少;升高
11. 视上核;室旁核;神经垂体;血浆晶体渗透压;循环血量
12. 降低;增加
13. 髓袢升支粗段主动重吸收 NaCl 和尿素再循环;内髓部集合管对尿素的高通透性吸收和髓袢升支粗段主动重吸收 NaCl
14. 肾髓质高渗状态;血管升压素
15. 脊髓骶段
16. 升高;下降;降低;减少
17. 65%～70%;球-管平衡
18. 促进;减少
19. Na^+;K^+;保 Na^+ 排 K^+
20. 升高;水;Na^+;Na^+;NaCl;渗透性利尿
21. 降低;不变;升高
22. 收缩;升高;减少
23. 自身调节

三、单项选择题

1. B 2. C 3. D 4. C 5. B 6. A 7. B 8. D 9. C 10. D
11. B 12. A 13. C 14. A 15. D 16. A 17. B 18. B 19. A 20. B
21. D 22. A 23. A 24. B 25. B 26. D

四、多项选择题

1. ABCD	2. ABCE	3. ABE	4. ABD	5. ABC
6. ABCD	7. ABCD	8. BDE	9. CD	10. AD
11. AB	12. BC	13. AD	14. AC	15. BD
16. BD	17. AE	18. BE	19. AD	20. CE
21. BD	22. AC	23. AB	24. AD	25. ABCDE
26. ABCDE	27. ABCE	28. ABCDE	29. ABC	30. BCE
31. ABCDE	32. ABCDE			

习题九　神经系统的功能

一、名词解释

1. 脊髓与高位脑中枢突然离断后，断面以下脊髓的反射活动能力会暂时丧失而进入无反应的状态，这种现象称为脊休克。

2. 某些内脏疾病引起体表一定部位发生疼痛或痛觉过敏的现象称牵涉痛。

3. 突触后膜在某种神经递质作用下产生的局部去极化电位变化称为兴奋性突触后电位。

4. 突触后膜在某种神经递质作用下产生的局部超极化电位变化称为抑制性突触后电位。

5. 有完整神经支配的骨骼肌在受外力牵拉伸长时引起的被牵拉的同一肌肉发生收缩的反射。

6. 神经元与神经元之间、神经元与效应细胞之间的信息传递过程。

7. 腱反射是快速牵拉肌腱时发生的牵张反射。

8. 肌紧张缓慢持续牵拉肌腱时发生的牵张反射。

9. 在麻醉动物，于中脑上下丘之间切断脑干，麻药作用过后，动物表现为四肢伸直，坚硬如柱，头尾昂起，脊柱挺硬，成角弓反张状态。

二、填空题

1. 迷走神经；增强；舒张；增加
2. 突触前膜；突触间隙；突触后膜
3. 肌紧张；腱反射；肌紧张
4. 特定感觉；兴奋状态；觉醒

5. 单向传播；中枢延搁；总和；兴奋节律的改变；后发放与反馈；对内环境变化敏感和易疲劳性

6. 生理完整性；绝缘性；双向传导；相对不疲劳性

7. 神经递质；兴奋性递质；去极化

8. 抑制性；Cl^-

9. α；β；M；N

10. 胆碱能；N_1；胆碱能；N_2

11. 中央后回；交叉投射；倒置排列；投射区大小与感觉分辨的精细程度成正比

三、单项选择题

1. A 2. C 3. B 4. C 5. C 6. C 7. B 8. C 9. D 10. C
11. D 12. C 13. B 14. D 15. D 16. A 17. C 18. B 19. B 20. C
21. A 22. C 23. D 24. C 25. B 26. A 27. A 28. D 29. A 30. E

四、多项选择题

1. ACE   2. ABCE   3. ABCE   4. ABCDE   5. BDE
6. ABCD   7. ADE   8. ABD   9. ABCD   10. ABCDE
11. ABDE 12. BD   13. AD   14. ACD   15. ABCE
16. AC   17. ABCE   18. ABCD   19. ACDE   20. ABC

习题十　内分泌

一、名词解释

1. 激素是内分泌腺或器官组织的内分泌细胞所合成与分泌，以体液为媒介，在细胞之间递送调节信息的高效能生物活性物质。

2. 内分泌是指腺细胞将所产生的物质，即激素直接分泌到体液中，并以血液等体液为媒介对靶细胞产生调节效应的一种分泌形式。

3. 高浓度的激素可使相应受体数量减少的现象称为减衰调节。

4. 低浓度的激素可使相应受体数量增多的现象称为增量调节。

5. 当机体遭受到各种有害刺激，如创伤、手术、感染、中毒、疼痛、缺氧、寒冷、恐惧等，腺垂体立即释放大量促肾上腺皮质激素，并使糖皮质激素快速大量分泌，引起机体发生非特异性的防御性反应，称为应激。

6. 允许作用是指某激素对特定器官、组织或细胞没有直接作用，但其存在却是另一种激素发挥生物效应的必备基础,这是一种支持性作用。

7. 第二信使是指在胞内产生的非蛋白类小分子,通过其浓度变化应答胞外信号与细胞表面受体的结合,调节胞内酶的活性和非酶蛋白的活性,从而在细胞信号转导途径中行使携带和放大信号的功能。

8. 过量碘抑制甲状腺激素合成的效应称为碘阻滞效应,主要是由于滤泡细胞中高浓度碘抑制钠-碘同向转运体(NIS)的表达,I^-的活化和H_2O_2的生成所致。

9. 在紧急情况下发生的交感-肾上腺髓质系统活动增强的适应性反应,称为应急反应。

10. 由下丘脑促垂体区小细胞神经元分泌,能调节腺垂体活动的肽类物质,统称为下丘脑调节肽。

二、填空题

1. 胺类;肽与蛋白质类;脂类
2. 垂体门脉
3. 甲状旁腺;钙;磷
4. 四碘甲腺原氨酸(T_4);三碘甲腺原氨酸(T_3);增加
5. 甲状旁腺素;降钙素;1,25 二羟维生素 D_3
6. 盐皮质激素;糖皮质激素;性激素
7. 交感-肾上腺髓质系统;下丘脑-腺垂体-肾上腺皮质系统
8. 降低血糖;增加;减少
9. 呆小症;黏液性水肿
10. 减少;增高
11. 血糖;脂肪;蛋白质
12. 血糖;蛋白质;脂肪
13. 血管升压素;催产素
14. 蛋白质;脂肪;葡萄糖;血糖
15. 增加;分解;负氮
16. 生长激素
17. 侏儒症;呆小症

三、单项选择题

1. D 2. D 3. A 4. E 5. B 6. D 7. C 8. C 9. E 10. B
11. E 12. C 13. B 14. A 15. B 16. E 17. A 18. D 19. B 20. B
21. E 22. C 23. C 24. C 25. C 26. D 27. C 28. C 29. D 30. C

四、多项选择题

1. ACE   2. BCD   3. BD   4. ABE   5. ACE

6. ABC   7. ABE   8. BCE   9. ACDE   10. ABCD

习题十一　生殖

一、名词解释

1. 月经：在卵巢激素周期性分泌的影响下，子宫内膜发生周期性剥落，产生流血的现象。

2. 月经周期：月经具有明显的周期性，约一个月出现一次。

二、单项选择题

1. D   2. B   3. C   4. A   5. B   6. D   7. C   8. D   9. A   10. B
11. A   12. B